F

UNIVERSITÉ DE GRENOBLE — FACULTÉ DE DROIT

ÉTUDE

DU

NOUVEAU PRIVILÈGE GÉNÉRAL

SUR LES MEUBLES

CRÉÉ PAR LA LOI DU 9 AVRIL 1898

RELATIVE A LA RESPONSABILITÉ DES ACCIDENTS DU TRAVAIL

THÈSE POUR LE DOCTORAT ÈS SCIENCES JURIDIQUES

L'ACTE PUBLIC SUR LES MATIÈRES CI-APRÈS

Sera présenté et soutenu le Vendredi 9 Novembre 1900 à 2 heures

PAR

GEORGES BLANCHARD

Docteur en droit ès sciences politiques
Lauréat des concours de la Faculté

PARIS

LIBRAIRIE DE LA SOCIÉTÉ DU RECUEIL GÉNÉRAL DES LOIS ET DES ARRÊTS
ET DU JOURNAL DU PALAIS
Ancienne Maison L. LAROSE et FORCEL
22, rue Soufflot, 22
L. LAROSE, Directeur de la Librairie

1900

THÈSE

POUR

LE DOCTORAT

8°F
12420

UNIVERSITÉ DE GRENOBLE

FACULTÉ DE DROIT

MM. Tartari *, ✿ I, doyen, professeur de Droit civil.
Gueymard *, ✿ I, doyen honoraire, professeur de Droit commercial.
Testoud *, ✿ I, professeur de Droit civil, *en congé*.
Guétat, ✿ I, professeur de Législation criminelle.
Fournier, ✿ I, professeur de Droit romain.
Balleydier, ✿ I, professeur de Droit civil.
Michoud, ✿ I, professeur de Droit administratif.
Beudant, ✿ A, professeur de Droit constitutionnel.
Capitant, ✿ A, professeur de Procédure civile, chargé d'un cours de Droit civil.
Hitier, ✿ A, professeur adjoint.
Cuche, agrégé, chargé de cours.
Geouffre de Lapradelle, agrégé, chargé de cours.
Reboud, agrégé, chargé de cours.
Duquesne, agrégé, chargé de cours.
Royon, ✿ I, secrétaire.

JURY DE LA THÈSE

Président : M. CAPITANT, *professeur*.
Suffragants : MM. TARTARI, *doyen*.
BALLEYDIER, *professeur*.

La Faculté n'entend donner aucune approbation ni improbation aux opinions émises dans les thèses ; ces opinions doivent être considérées comme propres à leurs auteurs.

UNIVERSITÉ DE GRENOBLE. — FACULTÉ DE DROIT

ÉTUDE

DU

NOUVEAU PRIVILÈGE GÉNÉRAL

SUR LES MEUBLES

CRÉÉ PAR LA LOI DU 9 AVRIL 1898

RELATIVE A LA RESPONSABILITÉ DES ACCIDENTS DU TRAVAIL

THÈSE POUR LE DOCTORAT ÈS SCIENCES JURIDIQUES

L'ACTE PUBLIC SUR LES MATIÈRES CI-DESSUS

Sera présenté et soutenu le Vendredi 9 Novembre 1900 à 2 heures

PAR

GEORGES BLANCHARD

Docteur en droit ès sciences politiques

Lauréat des concours de la Faculté

PARIS

LIBRAIRIE DE LA SOCIÉTÉ DU RECUEIL GÉNÉRAL DES LOIS ET DES ARRÊTS

ET DU JOURNAL DU PALAIS

Ancienne Maison L. LAROSE et FORCEL

22, rue Soufflot, 22

L. LAROSE, Directeur de la Librairie

1900

INTRODUCTION

La loi du 9 avril 1898 a introduit en France le principe du Risque Professionnel. L'application de cette théorie, que l'Allemagne et l'Autriche avaient mise en pratique depuis de longues années, a suscité chez nous de nombreuses difficultés : aussi la loi nouvelle resta-t-elle plus de dix ans en préparation, renvoyée sans cesse d'une Chambre à l'autre, sans que l'on pût se mettre d'accord sur un texte définitif. Ces tergiversations avaient leur cause dans ce fait qu'il s'agissait de consacrer législativement une évolution dans les principes même du droit et certains juristes ne pouvaient se résoudre à admettre cette transformation. Le « Risque Professionnel » rompait en effet avec les théories admises par le Code civil sur la responsabilité, et là se trouvait le nœud de la difficulté. Pour le législateur de 1804, l'idée de responsabilité était essentiellement liée à celle de faute et avait pour pivot l'article 1382 ; c'est à ce principe que s'attaque la théorie nouvelle. Pour lui donner toute son extension, il faut absolument séparer l'idée de faute de celle de responsabilité et déclarer qu'une industrie est responsable des accidents qui surviennent dans son sein, même au cas où le patron et ses préposés n'ont aucun manquement à se reprocher, bien plus même lorsque l'accident a été la conséquence d'une faute légère de l'ouvrier qui en a été victime. En vain a-t-on essayé de rattacher ce système nouveau aux articles 1385 et 1386 ; on ne peut le faire cadrer avec les principes empruntés par le Code civil au Droit romain.

Les idées individualistes du Code pouvaient convenir à l'état industriel de 1804 : de petits patrons s'y trouvaient en face d'artisans peu nombreux et on pouvait admettre alors sans inconvénient que chacun n'est responsable que de sa faute ou de son fait. Mais depuis cette époque la découverte et le perfectionnement des machines ont amené la formation de ces vastes centres manufacturiers, où des milliers de travailleurs obéissent à une direction unique ; les rapports du patron et de l'ouvrier ont été complètement transformés. Le droit industriel a dû suivre cette évolution : à des situations nouvelles il fallait des principes nouveaux. La théorie individualiste du Code a dû faire place à l'idée de solidarité, et à la responsabilité personnelle du chef d'entreprise a succédé la responsabilité collective de toute l'industrie vis-à-vis des accidents qu'elle provoque.

On a admis que par le seul fait de sa présence dans une usine, au milieu des machines, l'ouvrier s'accoutume au danger et que, la fatigue aidant, il arrive à ne plus prendre les précautions qui doivent le garantir contre l'accident. C'est là, dit-on avec raison, un résultat inévitable produit par l'influence du milieu qui l'emporte nécessairement sur la volonté humaine. L'accident devient ainsi un effet habituel, pour ainsi dire fatal, de l'industrie : seule elle en est responsable et seule elle doit en supporter les conséquences.

Or, l'industrie se compose de deux éléments, le capital et le travail : à chacun d'eux incombe sa part dans la réparation du sinistre. Dans le système adopté par la loi de 1898, les deux parties y contribuent, mais d'une façon différente. Tout accident dont le travailleur est victime lui donne droit à une indemnité, sans que l'on distingue si le sinistre provient de la faute du patron ou de l'ouvrier. Seule la faute intentionnelle du travailleur exclurait toute réparation ; la faute inexcusable de l'une ou l'autre partie ne donne lieu qu'à des diminutions ou à des majorations d'indemnité. Le patron est seul chargé du payement des primes, mais d'autre part l'ouvrier ne reçoit jamais la réparation intégrale de l'accident ; en cas d'incapacité temporaire l'allocation à laquelle il a droit égale la moitié de son salaire journalier ; en cas d'invalidité permanente, elle est des deux tiers de son salaire annuel. Si le patron contribue donc seul de ses deniers à payer la pension de l'ouvrier, celui-ci y contribue en *moins prenant* en n'obtenant qu'une réparation partielle du sinistre. En d'autres termes, il y a entre le patron et le travailleur un compromis : le premier doit une indemnité pour tout accident, même s'il vient de la faute de l'ouvrier ; le second est obligé en tout cas de se contenter d'une indemnité inférieure à son ancien salaire, même si l'accident a été provoqué par la faute du patron. Ce forfait est imposé aux deux parties par la loi.

Il faut remarquer du reste que l'allocation ainsi payée par le patron à l'ouvrier ne doit pas, en principe du moins, rester à la charge du premier. Elle prend en effet place dans les frais généraux de l'industrie, au même titre que la location des locaux de l'usine, l'amortissement et l'entretien des machines ou des ustensiles ; on l'a qualifiée à juste titre *de frais d'entretien du matériel humain.* Ces dépenses correspondent, toutes proportions gardées, à celles qui sont faites dans un régime industriel basé sur l'esclavage, pour l'achat et l'entretien des esclaves (1). Aussi le chef d'entreprise cherchera-t-il à rejeter sur le consommateur, au moyen d'une élévation de prix, les frais que lui occasionnera le payement des indemnités prévues par la loi nouvelle. Y arrivera-t-il ? Cela dépend avant tout de l'offre et de la demande qui seront faites des produits qu'il fabrique et le plus souvent sans doute une partie de ces dépenses nouvelles restera à sa charge.

Le principe du risque professionnel étant admis, il s'agissait en 1898 de garantir l'ouvrier victime d'un accident contre l'insolvabilité du patron, afin que la protec-

(1) Tarbouriech, *La Responsabilité des accidents dont les ouvriers sont victimes dans leur travail,* p. 111.

tion nouvelle dont il était l'objet ne fût point illusoire.

Pour cela divers moyens étaient à la disposition du législateur. Les nations européennes qui avaient déjà adopté le principe du risque professionnel lui offraient l'exemple de combinaisons multiples allant du régime très libéral de la loi anglaise aux principes autoritaires appliqués en Allemagne et en Autriche.

L'Angleterre en effet a admis l'idée que l'ouvrier victime d'un accident a contre le patron une créance garantie par un privilège, mais elle n'est pas allée plus loin. Aucune solidarité n'unit entre eux les divers chefs d'entreprise ; chacun d'entre eux reste seul responsable des accidents survenus dans son usine et le *Registrar* peut même exonérer de l'application de la loi les établissements où les ouvriers sont garantis contre les sinistres par des institutions leur assurant une protection aussi efficace que celle de la loi du 6 avril 1897.

A côté de cette législation très libérale, il faut mentionner la loi danoise du 15 janvier 1898. La créance de l'ouvrier contre le patron est munie d'un privilège comme en Angleterre ; mais le patron peut en s'affiliant à une assurance faire disparaître ce privilège (1).

A l'opposé de ces systèmes où le législateur a été visiblement préoccupé par le soin de respecter autant que

(1) A ce groupe se rattache également la loi espagnole du 30 janvier 1900 (*Bulletin de l'Office du travail*, 1900, p. 375). Le patron est responsable des accidents, mais il est libre de pourvoir comme il l'entend à leur réparation.

possible la liberté du patron et de l'ouvrier, nous trouvons les dispositions des lois allemande, autrichienne et norvégienne, qui proclament le principe de l'assurance obligatoire. La personnalité de chaque industriel est ici noyée dans le groupe dont il fait partie. A sa responsabilité personnelle est substituée la responsabilité collective du groupe ; tous les accidents survenant dans l'association forcée à laquelle le patron est affilié sont réparés par les soins du groupe. C'est donc le principe de la solidarité obligatoire qui remplace celui de la liberté individuelle dans les rapports du patron et de l'ouvrier. L'avantage de ce système autoritaire est que les charges sont beaucoup moins lourdes pour les petits industriels et que, d'autre part, on évite la multiplication des procès.

Le principe de l'assurance obligatoire est le même en Allemagne, en Autriche et en Norvège, mais il est appliqué différemment dans ces trois pays. En Allemagne, les lois de 1883, de 1884 et de 1889 ont établi pour les ouvriers une triple assurance contre la maladie, contre les accidents, contre l'invalidité et la vieillesse. Les diverses industries sont groupées d'après leur spécialité : toutes les entreprises similaires établies sur le territoire de l'Empire forment en principe un seul groupe responsable des accidents qui surviennent dans son sein : c'est le régime de *l'association professionnelle*. En Autriche les lois de 1887 et de 1888 n'ont prescrit que l'assurance contre la maladie et contre les accidents. D'autre part ce pays a préféré à l'association professionnelle allemande le régime de *l'association régionale*, englobant tous les patrons d'une même circonscription, sans tenir compte des spécialités professionnelles. De cette façon, tous les chefs d'entreprise d'une région sont réunis en un seul groupe, quel que soit le genre d'industrie qu'ils exercent. Ce régime convenait mieux aux tendances fédéralistes et décentralisatrices de l'Autriche que le système allemand. En Norvège enfin, au lieu de faire de l'industrie son propre assureur, on a institué l'assurance directe par l'Etat, tous les industriels étant affiliés à une caisse unique gérée par celui-ci (loi du 23 juillet 1894).

Tenant le milieu entre ces deux groupes anglo-saxon et germanique, le législateur italien a cherché à assurer aux ouvriers la certitude du payement de l'indemnité qui leur est allouée tout en respectant le plus possible la liberté des parties. La loi du 17 mars 1898 a cru concilier ces deux tendances en proclamant le principe de l'assurance obligatoire, mais en laissant au patron une grande latitude dans le choix de l'assureur. C'est ainsi que les chefs d'industrie peuvent s'adresser à la Caisse nationale d'assurance, se réunir en syndicats d'assurance mutuelle ou même rester leurs propres assureurs à condition de fonder de leurs deniers une caisse d'assurance, approuvée par une loi ou un décret royal et garantissant à leurs ouvriers des indemnités égales à celles qui sont prévues par la loi.

Avec ces diverses solutions consacrées par les législations étrangères, nombre d'autres systèmes, tels que la fixation par le tribunal des garanties de payement que doit fournir le patron ou le versement à la Caisse nationale des retraites du capital des rentes dues à la victime de l'accident, ont été successivement proposés au Parlement français, lors de la longue élaboration de la loi du 9 avril 1898.

Le législateur de notre pays, lui aussi, a voulu à la fois respecter la liberté des parties et garantir l'ouvrier contre l'insolvabilité du patron. Il ne nous appartient pas de dire ici s'il y a réussi, il nous suffira d'indiquer dans ses grandes lignes le régime qu'il a adopté. Le Parlement français n'a pas admis le principe de l'assurance obligatoire ; il a cherché à donner à l'ouvrier la certitude du payement de son indemnité en réunissant pour lui des garanties de diverses espèces. Le patron est d'abord personnellement responsable de l'acquittement des indemnités dues pour les accidents survenus dans ses usines, mais il peut se décharger de cette responsabilité en s'affiliant à une société d'assurance ou à un syndicat de garantie, qui deviendra débiteur de l'indemnité en son lieu et place. De plus, en cas de non-payement des allocations auxquelles le travailleur a droit, la loi fait appel à la solidarité de tous les chefs d'entreprise pour faire face à l'insolvabilité de quelques-uns d'entre eux.

Ce régime est essentiellement basé sur une distinction entre les garanties offertes à l'ouvrier, suivant qu'il a été victime d'un accident entraînant une invalidité permanente de travail ou qu'il est simplement réduit à une incapacité temporaire.

Au cas d'invalidité permanente, l'ouvrier blessé a droit à une rente qui s'élève, si l'incapacité est absolue, aux deux tiers du salaire ; si l'incapacité est seulement partielle, le montant de la rente doit être égal à la moitié de la réduction que l'accident a fait subir au salaire de la victime (1). Si l'ouvrier a été tué, il est établi en faveur des personnes qui vivaient de ses gains des rentes variant de 20 0/0 du salaire (pour le conjoint non divorcé ou séparé de corps), à 60 0/0 (pour les enfants légitimes ou naturels orphelins de père et de mère).

Pour le payement de ces indemnités, la loi laisse aux industriels la plus grande liberté. Ils peuvent soit se décharger du soin de verser les indemnités en s'affiliant à des sociétés d'assurances ou à des syndicats de garantie liant solidairement tous leurs membres, soit rester leurs propres assureurs (art. 23).

Dans le premier cas, le patron est exonéré de la charge des indemnités ; c'est la compagnie qu'il s'est substituée qui reste seule tenue d'effectuer les versements. Mais naturellement afin que ces sociétés d'assurance mutuelle ou à primes fixes et ces syndicats de garantie offrent des garanties suffisantes, les pouvoirs publics ont dû intervenir. Un des trois décrets portant règlement d'adminis-

(1) Art. 3.

tration publique, en date du 28 février 1899, a indiqué les conditions que devraient remplir ces diverses espèces de sociétés et les a placées sous la surveillance et le contrôle administratifs. De plus, l'art. 28 de la loi permet au chef d'entreprise de verser à la Caisse nationale des retraites pour la vieillesse le capital nécessaire au payement des arrérages des pensions qu'il doit et de se décharger ainsi de toute responsabilité. Les détails de ce nouveau service pour la Caisse des retraites ont été réglés par un des décrets du 28 février 1899.

Si au contraire, le patron le préfère, il peut rester son propre assureur. Il soldera alors directement les indemnités dont il est débiteur et sera seul garant de leur acquittement.

Toutefois il ne fallait pas que ces dispositions libérales de la loi eussent pour effet de laisser les travailleurs à la merci de l'insolvabilité du chef d'industrie. Aussi le législateur a-t-il décidé que si personne ne payait à la victime l'indemnité qui lui a été allouée, le versement en serait fait par les soins de la Caisse nationale des retraites. Cette dernière exercera ensuite un recours contre le chef d'industrie responsable ou, au cas où le patron a contracté une assurance, contre la compagnie avec laquelle il a traité.

Enfin, si l'industriel ou la société d'assurance qu'il s'est substituée est insolvable, c'est la Caisse nationale qui supportera définitivement la charge de l'indemnité due à l'ouvrier. Pour faire face à ces obligations nouvelles, il lui est créé un fonds spécial de garantie alimenté par l'adjonction de quatre centimes additionnels au principal de la contribution des patentes pour les industries visées par la loi et par une taxe sur les mines de cinq centimes par hectare concédé.

De cette façon, c'est, en dernière analyse, l'industrie française tout entière qui supporte les conséquences de l'insolvabilité de quelques-uns de ses membres ; tous les chefs d'entreprise sont solidairement responsables les uns des autres vis-à-vis de leurs ouvriers. Il faut remarquer aussi que c'est par l'intermédiaire de l'Etat que cette responsabilité est mise en œuvre, puisque c'est lui qui prélève sur les patrons l'imposition supplémentaire destinée à former le fonds de garantie.

Tel est dans ses grands traits le système des garanties établies par la loi dans le cas où l'ouvrier a été victime d'un accident suivi d'invalidité permanente.

Lorsque, au contraire, la blessure n'a occasionné qu'une incapacité temporaire, la créance qu'elle engendre au profit de l'ouvrier est garantie par un nouveau privilège général sur les meubles du chef d'industrie, qui est ajouté à l'article 2101 du Code civil par l'art. 23 de la loi du 9 avril 1898 :

« La créance de la victime de l'accident ou de ses ayants droit relative aux frais médicaux, pharmaceutiques et funéraires, ainsi qu'aux indemnités allouées à la suite de l'incapacité temporaire de travail, dit cette disposition est garantie par le privilège de l'article 2101 du Code civil et y sera inscrite sous le numéro 6 ».

L'étude de ce privilège formera l'objet de cet ouvrage, mais il nous a semblé indispensable d'indiquer auparavant, comme nous venons de le faire, quelles sont dans leurs grandes lignes les dispositions prises par le législateur pour assurer en France l'application de la théorie du risque professionnel. De cette façon il est facile de se rendre compte de la place que tient notre privilège dans l'économie générale de la loi et on peut l'encadrer au milieu des autres garanties que celle-ci offre aux ouvriers.

Nous suivrons dans cette étude l'ordre suivant :

Après avoir fait l'historique de la nouvelle disposition de l'article 2101, nous nous demanderons dans une première partie quelles sont les créances garanties par ce privilège. Nous aurons ainsi à passer en revue ce qui a trait aux frais médicaux et pharmaceutiques, aux frais funéraires et aux indemnités destinées à réparer une incapacité temporaire de travail.

En second lieu, nous examinerons les résultats juridiques du privilège, c'est-à-dire son application aux diverses espèces de meubles et son extension possible aux immeubles du chef d'entreprise.

Dans la troisième partie, nous verrons les résultats économiques de cette disposition, c'est-à-dire la répercussion de notre privilège sur les autres privileges généraux, sur les privilèges spéciaux et sur les hypothèques ; nous étudierons ensuite le degré de sécurité qu'il assure aux travailleurs.

Enfin nous terminerons en examinant la faculté laissée par la loi au patron de s'exonérer des frais médicaux et pharmaceutiques ainsi que des indemnités journalières en affiliant ses ouvriers à une société de secours mutuels.

Historique du nouveau privilège ajouté

à l'article 2101 du Code civil par la loi du 9 avril 1898.

L'idée de garantir les créances résultant pour les ouvriers des accidents dont ils sont victimes par un privilège général sur les meubles du patron est aussi ancienne que la théorie du risque professionnel elle-même. C'était en effet le moyen le plus simple d'assurer dans la mesure du possible la sécurité de l'ouvrier sans recourir à l'assurance obligatoire, qui amenait l'immixtion permanente de l'Etat dans les rapports du patron et du travailleur ou sans immobiliser des capitaux énormes entre les mains de l'Etat, en faisant verser par le patron dans une caisse publique le capital des rentes dues à l'ouvrier. Aussi plusieurs fois le principe du privilège général sur les meubles du patron a-t-il été adopté par l'une ou l'autre de nos Assemblées parlementaires, non seulement pour garantir à l'ouvrier le payement des indemnités temporaires, mais aussi pour lui assurer l'acquittement des pensions viagères résultant d'accidents suivis d'une incapacité permanente.

Le privilège admis par la loi de 1898 pour les indemnités temporaires n'est donc que le reste d'un privilège plus vaste couvrant même les pensions viagères dont le principe a été à plusieurs reprises sanctionné par le Parlement.

C'est ainsi que la proposition de loi de M. Martin Nadaud, en 1884, établissait une présomption de faute pour le patron dans tout accident industriel et disait :

« Les créances de la victime ou de ses ayants droit résultant du titre II de la présente loi (il s'agit des indemnités dues par le patron à l'ouvrier à la suite d'accidents) sont privilégiées dans les mêmes termes que celles énumérées en l'article 2101 du Code civil ».

Ce texte devint l'article 8 du projet de loi organisant l'assurance contre les accidents et fut voté en première délibération par la Chambre des députés le 24 octobre 1884.

De même, en 1886, la proposition de M. Félix Faure, consacrant le risque professionnel, contenait un article 7, ainsi conçu :

« Les créances des ouvriers tués ou blessés ou de leurs ayants droit pour le payement des pensions ou des secours qui leur sont dus en raison de l'accident sont privilégiées au même titre que celles de l'article 2101 du Code civil ».

Nous n'avons pas à nous étendre ici sur les avantages

et les inconvénients de ce privilège couvrant toutes les indemnités temporaires ou permanentes dues par le patron. Il est certain qu'il atteint gravement le crédit de l'industriel, car toutes les sûretés qu'il donne à ses autres créanciers, que ce soient des hypothèques ou des privilèges conventionnels, pourront être vaines puisqu'elles sont primées par le privilège général accordé aux ouvriers.

Quoi qu'il en soit, la Chambre des députés, lorsqu'elle vota le 10 juillet 1888 un projet de loi complet sur la responsabilité des accidents, revint à cette idée du privilège général sur les meubles et l'inscrivit au nombre des garanties qu'elle assurait aux travailleurs :

« Les rentes, pensions et indemnités accordées aux victimes d'accidents ou à leurs ayants cause, disait l'article 25 proposé par la Commission parlementaire, sont incessibles et insaisissables ; elles jouissent du privilège de l'article 2101 du Code civil et y figureront sous le n° 6.

« Les tribunaux pourront toujours sur la demande des victimes d'accidents ou de leurs ayants droit obliger les patrons soit à verser à la Caisse des retraites de l'Etat le capital destiné à assurer le service des pensions viagères, soit à garantir autrement le payement desdites pensions.

« En cas d'assurance contractée par le chef de l'entreprise, l'ouvrier ou l'employé victime d'un accident ou ses ayants droit auront un privilège dans les termes de l'article 2102 du Code civil sur l'indemnité due par l'assureur (1).

M. Bovier-Lapierre fit modifier de la façon suivante la fin du paragraphe premier : « Elles jouissent du privi-« lège de l'article 2101 du Code civil et y figurent sous « le n° 4 et en concours pour deux années d'arrérages de « la rente ou pension et sous un n° 6 nouveau pour le « capital de l'indemnité ».

M. Antide Boyer de son côté fit changer le début du paragraphe 2 « Les tribunaux pourront... » en « Les tribunaux devront... », ôtant ainsi aux juridictions compétentes l'appréciation de la solvabilité personnelle du patron.

Ainsi modifié, cet article fut adopté par la Chambre. Par son amendement, M. Bovier-Lapierre faisait donc assimiler les indemnités dues à l'ouvrier en raison de l'accident dont il est victime au salaire des gens de service. Le paragraphe 4 de l'article 2101 limitant le privilège de ces derniers à ce qui leur est dû pour l'année courante et pour l'année échue, il borna à deux années d'arrérages la partie de la pension couverte par le n° 4, se réservant d'en garantir le reste par le nouveau n° 6.

C'était là une aggravation des dangers que faisait courir au crédit de l'industriel l'établissement du nouveau privilège.

Porté au Sénat, le projet fut profondément modifié. La

(1) Débats parlementaires, Chambre des Députés, 1888, p. 2066.

Haute Assemblée pensa qu'il n'était pas nécessaire de donner une garantie particulière aux créances de l'ouvrier contre son patron en raison de l'accident. La victime n'aura qu'à porter sa plainte devant les tribunaux et ceux-ci, en vertu du risque professionnel dont le principe aura été consacré par la loi, devront condamner le chef d'industrie. En vertu du jugement qui interviendra ainsi, l'hypothèque judiciaire, c'est-à-dire une hypothèque générale portant sur les biens présents et à venir du patron, prendra naissance au profit de l'ouvrier. Le Sénat estima donc que le droit commun offrait une sécurité suffisante au travailleur et qu'il n'y avait pas lieu de lui créer une situation privilégiée. Toutefois, conservant l'assimilation faite entre les indemnités dues aux ouvriers et les salaires des gens de service par l'amendement Bovier-Lapierre, le Sénat décida qu'il y avait lieu d'édicter des garanties analogues pour ces deux ordres de créances. Il vota donc le 13 février 1890 la disposition suivante :

« Art. 15. — Sauf la partie du capital versée aux termes de l'art. 2, les rentes, pensions et indemnités accordées aux victimes d'accidents ou à leurs ayants droit sont incessibles et insaisissables ; elles jouissent du privilège de l'article 2101 du Code civil et y figurent sous le n° 4, et en concours, pour deux années d'arrérages de la rente ou pension ». Ce même texte fut voté en seconde délibération le 20 mai 1890; il formait alors l'article 16 du projet (1).

Sur ces entrefaites, la Chambre des députés, suivant l'exemple que lui donnaient les Parlements des grands Etats de l'Europe centrale, adopta le 10 juin 1893 un système tout différent, celui de l'assurance obligatoire. Le gouvernement lui avait soumis un projet instituant, à l'instar de la loi allemande, une vaste mutualité unitaire qui réunissait tous les industriels de France et était dirigée par l'Etat. La Chambre la remplaça par une assurance mutuelle par circonscriptions territoriales. Dès lors il n'y avait pas à donner à l'ouvrier des garanties particulières sur le patrimoine du patron. C'est à la circonscription que s'adressait le travailleur blessé et celle-ci, sur présentation du mandat délivré par le représentant de la circonscription ou sur l'ordre du juge de paix soldait les indemnités soit temporaires, soit permanentes auxquelles avait droit l'ouvrier (2). Puis, à la fin de l'année, on répartissait entre les mutualistes les capitaux constitutifs des pensions allouées dans l'année. C'était seulement dans les cas exceptionnels que l'ouvrier avait besoin de garanties spéciales personnelles au patron ; on revenait alors à la seule garantie qui parût efficace, au privilège général sur les meubles du chef d'industrie. Tel était le cas où l'ouvrier avait une créance en supplément

(1) Débats parlementaires, Sénat, 1890, p. 462.
(2) Débats parlementaires, Chambre, 1893, p. 1679.

d'indemnité contre le patron, au cas de faute lourde de ce dernier ou de l'un de ses préposés. « Cette créance, disait l'article 32 *in fine* est garantie par le privilège de l'article 2101 du Code civil et y figure sous le n° 6 ».

Le Sénat n'adopta pas cette manière de voir. La première Commission chargée par lui d'étudier le projet transmis par la Chambre avait choisi comme rapporteur M. Trarieux ; mais ce dernier, ayant été nommé garde des Sceaux, fut remplacé par M. Poirrier.

Celui-ci présenta au Sénat, au nom de la Commission, un projet dans lequel on substituait au régime de l'assurance obligatoire la création d'un fonds de garantie, alimenté par des cotisations payées chaque année par les patrons d'après un coefficient de risques. Cette caisse était destinée seulement à prémunir l'ouvrier contre les risques d'insolvabilité du patron ; pour le cas où ce dernier était solvable, l'ouvrier n'avait contre lui que les garanties résultant du droit commun. C'etait donc l'assurance obligatoire réduite à son expression la plus simple, puisqu'elle n'était destinée à couvrir que les risques d'insolvabilité du patron.

Ce texte vint en discussion au mois de novembre 1895. Le 25 de ce mois, M. Chovet présenta un contre-projet, substituant au système de la Commission, des garanties toutes personnelles au patron ; au premier rang de celles-ci se trouvait naturellement le privilège général sur les meubles.

« Les frais médicaux et pharmaceutiques, ainsi que

toutes pensions et indemnités quelconques, disait le contre-projet Chovet (1), sont garantis par privilège sur la généralité des meubles et des immeubles par préférence et antériorité à toutes autres créances, notamment à celles énoncées dans les articles 2101 et 2103 du Code civil. »

Ce système, disait M. Chovet, a le grand avantage de ne pas engager les capitaux de l'industriel, avant qu'un accident ne soit survenu. On ne le force pas ainsi à donner un cautionnement ou à se lier par une assurance obligatoire, qui obère à l'avance sa situation et se trouve du reste le plus souvent inutile, le patron étant presque toujours solvable.

Le Sénat repoussa le contre-projet Chovet.

Le privilège général sur les meubles du patron avait aussi sa place dans le projet de la commission Poirrier; il était seulement réduit à la garantie des indemnités temporaires et le Sénat adopta en première délibération, le 5 décembre 1895, l'article 22 ainsi conçu :

« Les frais médicaux et pharmaceutiques, ainsi que les indemnités pour incapacité temporaire de travail sont garantis par le privilège de l'article 2101 du Code civil et y figurent sous le n° 4 et en concours. »

Mais, lorsque le projet revint en seconde délibération, au mois de janvier 1896, le Sénat détruisit toute l'œuvre qu'il avait consacrée par son premier vote.

(1) Débats parlementaires, Sénat, 1895, p. 962.

Dans le projet qu'elle soumettait en seconde lecture à la Chambre haute, la Commission avait du reste légèrement modifié la teneur de l'article 22 qu'elle avait fait adopter par le Sénat en première délibération.

« Les frais médicaux, pharmaceutiques et funéraires, ainsi que les indemnités pour incapacité temporaire de travail, disait le nouveau texte, sont privilégiés concurremment avec les frais quelconques de dernière maladie énoncés en l'article 2101, § 3 du Code civil. »

Ce n'était donc plus au salaire des gens de service, mais aux frais de dernière maladie que les indemnités pour incapacité temporaire se trouvaient assimilées. De cette façon elles passaient avant les créances du paragraphe 4, avec lesquelles elles avaient été jusque-là confondues.

La seconde délibération du Sénat devait être funeste au projet de la Commission. Lorsque, le 28 janvier 1896, celui-ci vint en seconde lecture, M. Bérenger, après avoir fait la fameuse distinction du travail dangereux et du travail ordinaire, demanda la suppression de toutes les exceptions au droit commun, en faveur des ouvriers, telles que la caisse destinée à les assurer contre les risques d'insolvabilité du patron. Il faisait seulement revivre le privilège général de l'article 2101 en faveur de toutes leurs créances contre le patron, qu'elles provinssent d'incapacités permanentes ou d'incapacités temporaires.

« La créance des victimes de l'accident ou de leurs ayants droit, disait l'article 6 de son contre-projet est garantie par le privilège des articles 2101 et 2104 du Code civil.

« Toutefois ce privilège n'a d'effet, si le patron ou chef d'entreprise a contracté avec une compagnie d'assurance ou une caisse de secours mutuels, qu'en cas d'insolvabilité de ces établissements » (1).

Le 30 janvier 1896, M. Thévenet vint appuyer la motion de M. Bérenger et demander que, pour toutes les créances des ouvriers à la suite d'accidents, on se contentât du privilège général sur les meubles du patron. Le projet fut envoyé à la Commission pour y faire des modifications en ce sens, mais le 3 février celle-ci démissionna. La nouvelle Commission choisit comme président M. Bérenger et comme rapporteur M. Thévenet : elle soumit au Sénat, le 24 mars 1896, un texte nouveau où toutes les garanties d'exception en faveur des ouvriers étaient supprimées et où l'on n'assurait à leurs créances qu'un privilège général sur les biens du chef d'industrie.

« La créance de la victime de l'accident ou de ses ayants-droit, disait l'article 10 (2), est garantie par le privilège des articles 2101 et 2104 du Code civil. Il est inscrit sous le n° 6 de l'article 2101. Toutefois, il ne s'exercera sur les immeubles qu'après les privilèges spéciaux de l'article 2103 existant avant l'accident et après les créances hypothécaires antérieurement inscrites.

« Il n'a d'effet si le chef d'entreprise a contracté avec

(1) Débats parlementaires, Sénat, 1896, p. 27.

(2) Débats parlementaires, Sénat, 1896, p. 320.

une compagnie d'assurances mutuelles ou un syndicat de garantie qu'en cas d'insolvabilité de ces établissements.

« Cette créance jouit en outre du privilège de l'article 2102 sur l'indemnité due par l'assureur.

« Si l'indemnité consiste en une rente viagère, le chef d'industrie pourra s'affranchir du privilège des articles 2101 et 2104, en garantissant le payement de cette rente par la constitution d'un capital suffisant pour assurer le service des arrérages. A cet effet, il pourra soit effectuer un dépôt à la Caisse des dépôts et consignations, soit fournir une affectation hypothécaire, soit contracter avec une compagnie à solvabilité notoire. »

M. Félix Martin proposa en vain d'établir une caisse mutuelle d'assurance obligatoire où les ouvriers verseraient 1 franc par 1.000 francs de salaires touchés et dont l'administration serait confiée à la Caisse nationale des retraites pour la vieillesse. Cette idée ne fut pas admise et le Sénat vota le texte de M. Bérenger, le 24 mars 1896, après en avoir modifié la fin de la façon suivante : « ...soit contracter avec une compagnie d'assurance, une mutualité ou un syndicat d'une solvabilité notoire. »

Le premier paragraphe de ce texte donnait une nouvelle variante de l'application du privilège général sur les meubles. Celui-ci couvrait bien toutes les créances de l'ouvrier à la suite d'accidents, mais il ne pouvait passer des meubles aux immeubles qu'après les privilèges immobiliers de l'article 2103 et les créances hypothécaires antérieurement inscrites. C'était à la fois conserver le crédit du patron et restreindre le gage de l'ouvrier.

Ce projet, transmis à la Chambre des députés, fut encore complètement transformé par elle. La commission chargée de l'étudier avait pour président M. Bourgeois et pour rapporteur M. Maruéjouls; elle rétablit le 27 octobre 1897 l'assurance obligatoire mutuelle par circonscriptions territoriales qui avait été sanctionnée par le précédent vote de la Chambre.

Le projet, voté par la Chambre, revint au Sénat le 3 mars 1898. Le rapporteur, M. Thévenet, proposa un texte qui est devenu la loi du 9 avril 1898; il laisse aux patrons la liberté de s'assurer ou de ne s'engager dans aucun lien, mais crée un fonds de garantie destiné à prémunir les ouvriers contre les risques d'insolvabilité de leurs patrons. Ce fonds est alimenté par des centimes additionnels à la contribution des patentes et par une taxe établie sur chaque hectare de mines concédé.

Quant au privilège général sur les meubles, il reprenait dans ce projet la place modeste qu'il devait occuper dans le texte définitif de la loi. Désormais il n'est destiné à couvrir que les frais médicaux, pharmaceutiques et funéraires, ainsi que les indemnités accordées à la suite d'une incapacité temporaire de travail. Ces créances ne sont assimilées ni aux frais de dernière maladie du paragraphe 3 de l'article 2101, ni au salaire des gens de service du paragraphe 4, mais viennent seulement après ces diverses créances en formant un nouveau paragraphe 6. D'autre part, ces indemnités, contrairement au projet voté par le Sénat sur la proposition de la commission présidée par M. Bérenger, ne sont plus primées, lorsqu'elles passent sur les immeubles, par les privilèges immobiliers et les hypothèques antérieurement inscrites.

C'est ce système que consacre l'article 23 du projet voté par le Sénat, qui est aujourd'hui l'article 23 de la loi du 9 avril 1898 :

« La créance de la victime de l'accident ou de ses ayants droit relativement aux frais médicaux, pharmaceutiques et funéraires, ainsi qu'aux indemnités allouées à la suite de l'incapacité temporaire de travail, est garantie par le privilège de l'article 2101 du Code civil et y sera inscrite sous le n° 6.

« Le paiement des indemnités pour incapacité permanente de travail ou accidents suivis de mort est garanti conformément aux dispositions des articles suivants. »

PREMIÈRE PARTIE

Quelles sont les créances garanties par le nouveau privilège de l'article 2101 ?

Le nouveau privilège, établi par la loi du 9 avril 1898, garantit les créances nées au profit des ouvriers contre le patron au sujet des frais médicaux et pharmaceutiques, des frais funéraires jusqu'à un maximum de cent francs et enfin des indemnités dues pour incapacité temporaire.

Avant d'étudier dans le détail ces diverses créances, nous devons rappeler en quelques mots les caractères communs à toutes les allocations ou pensions dont le paiement est assuré aux ouvriers par notre loi : toutes doivent résulter d'un accident industriel, tel qu'il est défini par l'article 1er de la loi :

« Les accidents, survenus par le fait du travail ou à l'occasion du travail, aux ouvriers et employés dans l'industrie du bâtiment, les usines, manufactures, chantiers, les entreprises de transport par terre et par eau, de chargement et de déchargement, les magasins publics, mines, minières, carrières, et, en outre, dans toute exploitation ou partie d'exploitation dans laquelle sont fabriquées ou mises en œuvre des matières explosives, ou dans laquelle il est fait usage d'une machine mue par une force autre que celle de l'homme ou des animaux, donnent droit, au profit de la victime ou de ses représentants, à une indemnité à la charge du chef d'entreprise, à la condition que l'interruption de travail ait duré plus de quatre jours. »

La créance de l'ouvrier doit avant tout provenir d'un accident, c'est-à-dire d' « une atteinte au corps humain provenant de l'action violente et soudaine d'une cause extérieure », d'après la définition de M. Marestaing (1).

Les deux termes de cette définition doivent être compris de la façon la plus large. L' « atteinte au corps humain » sera non seulement le choc ayant produit une blessure, mais aussi tous les cas de lésions internes, d'asphyxie, que l'on réunit sous le nom de « traumatisme ». Il faudra y comprendre également les accidents qui, tout en n'ayant pas eu une suite immédiate, ont déterminé un ébranlement suffisant pour qu'il en soit résulté, au bout d'un certain délai, soit une aliénation mentale, soit une maladie nerveuse.

Quant à « l'action soudaine et violente d'une cause ex-

(1) *Définition des accidents du travail dans les divers pays*, p. 2.

térieure », elle a pour effet de distinguer l'accident proprement dit de la maladie professionnelle. Il est en effet certaines industries, comme celles où l'on se sert de matières toxiques, qui développent presque infailliblement chez les ouvriers des maladies mortelles, telles que le lent empoisonnement du sang. Ces affections ne seront pas comprises dans les termes de notre loi. On a souvent déclaré qu'il n'était pas juste d'en imposer au patron la réparation, car, si l'accident reste toujours un fait imprévu, auquel chacun espère échapper, il n'en est pas de même de la maladie professionnelle : l'ouvrier est libre de choisir son métier, dit-on ; or, il sait, en embrassant une profession insalubre, à laquelle il est ordinairement attiré par l'appât d'un gain élevé, qu'il contractera presque inévitablement une maladie organique. Il ne faut pas trop insister sur cette liberté de l'ouvrier dans le choix de son métier : souvent elle est plus apparente que réelle. La vérité est que la réparation des accidents proprement dits offrait en elle-même assez de difficultés au législateur, pour qu'il ne voulût pas la compliquer de la question très délicate des maladies professionnelles.

Aux termes de la loi, il faut de plus que l'accident se soit produit « par le fait du travail ou à l'occasion du travail ».

« Le travail, dit M. Sachet (1), est l'accomplissement

(1) *Traité théorique et pratique de la législation sur les accidents du travail*, p. 151.

de la fonction à laquelle l'ouvrier est préposé dans une exploitation industrielle ».

L'ouvrier sera victime d'un accident par le fait de son travail, lorsque la cause de la blessure résidera dans la fonction même accomplie par l'ouvrier : c'est le cas du mécanicien qui est tué par l'explosion de sa machine, ou du charretier qui tombe de sa voiture.

L'accident se produira « à l'occasion du travail » lorsque le sinistre aura en sa cause non dans la fonction même du travailleur, mais dans la marche générale de l'industrie à laquelle il appartient. Par le fait seul qu'il est occupé dans l'usine, l'ouvrier est exposé à certains dangers que ne court pas le reste du genre humain. Supposons par exemple un atelier de tissage dont les métiers sont mus par la vapeur. La chaudière qui se trouve dans une salle de travail éclate et l'un des débris frappe l'une des ouvrières qui se trouve à son métier. Celle-ci aura été blessée *à l'occasion de son travail* et non par son travail ; si au contraire elle avait eu la main prise dans un des engrenages de son métier, elle aurait été blessée *par son travail.*

L'ouvrier sera du reste victime d'un accident *à l'occasion de son travail*, non seulement pendant le temps où il se trouve à l'usine, mais encore pendant le temps qu'il emploie à y aller ou à en revenir si le patron s'est chargé de ce transport.

Toutefois il ne faut pas trop étendre le domaine de cette expression *à l'occasion du travail.* Aussi le tribunal de Versailles (1) déclare-t-il que les travailleurs n'auront pas droit à une indemnité pour les accidents dont ils sont victimes dans des événements extérieurs au travail, même s'il y a une certaine corrélation entre la blessure et l'occupation de l'ouvrier.

« Attendu, dit ce jugement, que les accidents extérieurs au travail, encore qu'ils aient été occasionnés par des événements qui s'y rattachent plus ou moins directement, ne sont pas ceux que la loi range dans les risques professionnels ».

Si l'accident, se produisant sur le lieu du travail et pendant le travail, est le résultat d'une cause fortuite ou restée inconnue, l'ouvrier sera présumé blessé par le fait de son travail ou à l'occasion de son travail. C'est là une conséquence nécessaire du risque professionnel qui met à la charge du patron les accidents dont la cause est fortuite ou inconnue (2). La victime n'aura donc en ce cas aucune preuve à faire.

Mais si l'accident arrivé sur le lieu du travail a une

(1) Tribunal de Versailles, 1re chambre, 25 janvier 1900, *France judiciaire* 1900, p. 68.

(2) Il faut distinguer le cas fortuit de la force majeure avec laquelle on le confond souvent. La force majeure est le fait qui survient en dehors de toute prévision et dont la cause est absolument étrangère à l'exploitation : foudre, guerre. Le cas fortuit lui aussi arrive en dehors de toute attente, mais il a sa cause dans le fonctionnement même de l'industrie : explosion d'une chaudière dans une usine ou l'on fait usage de moteurs à vapeur. Le patron par le risque professionnel prend à sa charge les cas fortuits, mais non la force majeure.

cause connue indépendante de celui-ci, l'ouvrier n'a droit à aucune indemnité.

Ainsi le tribunal de Laon a jugé qu'un ouvrier, qui a quitté spontanément et momentanément son travail pour aller demander à un de ses camarades une feuille de papier à cigarette et qui, au retour, a eu le bras pris en passant entre deux métiers trop rapprochés, ne peut exiger aucune indemnité (1).

D'autre part, pour que l'ouvrier obtienne la réparation de l'accident, il faut que celui-ci soit une conséquence directe du travail, qu'il y ait entre l'un et l'autre un rapport « de cause à effet » dit un jugement du tribunal de Limoges (2). Cette décision a déclaré qu'un ouvrier agricole, tombant d'une grange où il remisait la paille provenant d'une machine à battre en action dans la cour voisine, n'avait droit à aucune indemnité. Les industries agricoles ne sont en effet soumises au risque professionnel que si elles emploient des moteurs mécaniques et le tribunal a jugé avec raison qu'il n'y avait qu'un lien indirect entre le fait de se servir d'une machine à battre actionnée par un moteur à vapeur et celui de ranger la paille provenant du battage.

Si l'accident est arrivé sur le lieu du travail, mais pendant une interruption de celui-ci, par exemple pendant le repos du milieu du jour, il ne sera pas présumé avoir

(1) Tribunal de Laon, 12 mai 1900. *France judiciaire*, 1900, p. 239.

(2) Tribunal de Limoges, 29 décembre 1899, confirmé par la Cour le 13 février 1900, Dalloz. 1900, 2, 28.

une cause industrielle et l'ouvrier ne sera pas déchargé de toute preuve. Il devra établir que c'est à l'occasion de son travail qu'il se trouvait à l'usine à un moment où sa présence n'y était pas nécessaire et d'autre part qu'il y a un lien entre le fonctionnement de l'exploitation et l'accident, c'est-à-dire que celui-ci ne résulte pas d'une cause extérieure ou d'un cas de force majeure. En effet, pendant les interruptions de travail, le contrat qui lie l'ouvrier et le patron cesse et le premier n'est plus sous la surveillance du second (1).

Il en serait naturellement tout autrement si, par suite de l'ordre du patron, l'ouvrier se trouvait retenu à l'atelier un jour de repos pour y travailler. Aussi la Cour de cassation a-t-elle déclaré qu'un apprenti retenu par le patron à l'usine un dimanche et y ayant été victime d'un accident, avait droit à une indemnité (2).

Il faut ajouter qu'aux termes de l'article 20, aucune indemnité n'est due à l'ouvrier qui a volontairement provoqué l'accident. Ce texte s'applique aussi bien aux indemnités temporaires et aux frais de traitement médical qu'aux pensions allouées à la suite d'une invalidité permanente.

Il en est autrement des diminutions ou des majorations

(1) Toutefois il a été jugé que si l'ouvrier était retenu par les règlements sur le lieu du travail pendant l'interruption de celui-ci et qu'il fût victime d'un accident pendant cette suspension de travail, l'employeur était responsable de cet accident. Cour de Rouen, 28 février 1900, *La Loi*, 26 juillet 1900.

(2) Cassation 27 mai 1898, *Bulletin de l'Office du travail*, 1898

de pension à la suite d'une faute inexcusable de l'ouvrier ou du patron ; elles s'appliquent aux rentes viagères, mais non aux indemnités temporaires. Celles-ci, ne devant avoir qu'une durée restreinte, le législateur a jugé inutile de faire intervenir à leur sujet cette distinction entre la faute inexcusable et la faute légère, qui sera la source de délicates contestations. Cela résulte de l'article 20, paragraphe 2 qui traite de cette matière :

« Le tribunal a le droit, dit cette disposition, s'il est prouvé que l'accident est dû à une faute inexcusable de l'ouvrier, de diminuer la *pension* fixée au titre premier ».

La loi parle ici de pension et non d'indemnité et l'alinéa suivant du même article vient corroborer cette manière de voir par les termes qu'il emploie. Cette interprétation est du reste conforme aux travaux préparatoires.

Dans son discours au Sénat, du 25 novembre 1895, M. Ricard, garde des sceaux, déclara nettement qu'aucune distinction ne devait être faite entre la faute lourde et la faute légère lorsqu'il s'agissait d'indemnité temporaire. La jurisprudence s'est rangée à cet avis par deux jugements, l'un du 6 décembre 1899 (1), (Tribunal de paix du XIe arrondissement de Paris), l'autre du 22 décembre 1899 (Tribunal de paix du XIIIe arrondissement).

Le premier de ces jugements motive ainsi sa décision :

(1) Dalloz, 1900, 2, 75 et 76.

« Attendu que la majoration pour faute inexcusable du patron ne s'étend nullement aux indemnités journalières ; que cela résulte formellement des termes de l'alinéa prémentionné (3e alinéa de l'art. 20) qui prévoit la majoration de la pension ou des rentes ; que les rédacteurs de ce texte, après avoir employé l'expression indemnité, ont eu soin d'ajouter « sans que la rente ou le total des rentes allouées puisse dépasser soit la réduction soit le montant du salaire annuel ».

« Attendu que ce dernier membre de phrase démontre péremptoirement qu'il ne s'agit pas ici des indemnités temporaires ressortissant à la compétence des juges de paix ; qu'au demeurant il eût été contraire à l'esprit de la loi de soulever la question de faute inexcusable à propos des allocations journalières, le législateur ayant voulu éviter, pour le règlement de ces sortes d'indemnités, toute controverse litigieuse et toute recherche sur les causes de l'accident industriel ».

Enfin, dernière raison pour ne pas distinguer entre la faute inexcusable et la faute légère en matière d'incapacité temporaire, la loi a soumis à la compétence exclusive du juge de paix tout ce qui concerne les soins médicaux et pharmaceutiques, les frais funéraires et les indemnités temporaires. Elle a même étendu, en cette occasion, la compétence de ce magistrat : il statue en dernier ressort sur les contestations de cet ordre quelle que soit leur importance (art. 15), tandis qu'ordinairement ses décisions sont susceptibles d'appel, dès que le montant du litige dépasse la somme de cent francs. Or il est nécessaire que devant ces magistrats, jugeant en équité, les contestations arrivent dégagées des éléments de nature à rendre la solution longue ou compliquée. La sentence doit avant tout être promptement et simplement rendue.

L'article premier, comme nous l'avons vu, énumère les diverses industries qui sont soumises aux prescriptions de la loi ; mais une telle énumération a un caractère purement énonciatif et non limitatif, comme l'a fait remarquer M. Charpentier à la Chambre des députés (1). Toutefois le texte, excluant de la protection législative les exploitations où il est fait usage de la force de l'homme ou des animaux, a volontairement placé hors de ses prévisions les ouvriers agricoles, c'est-à-dire une population de 3.058.346 salariés (2). Pour ceux-ci le droit antérieur subsiste ; le ministre du commerce, M. Boucher, a seulement exprimé le vœu qu'une loi spéciale vînt régler leur situation. Il est certain que cette catégorie de travailleurs est beaucoup moins exposée aux accidents que celle des ouvriers de manufacture. Du reste, le plus souvent les salariés seront peu nombreux sur une même exploitation : entre eux et le propriétaire qui les emploie subsiste cette espèce de solidarité qui existait autrefois dans les petits ateliers et qui rendait moins nécessaire l'intervention du législateur. Enfin les conditions du tra-

(1) Déb. parlem. Séance du 28 oct. 1897.

(2) *Enquête décennale de 1892*, rapportée par MM. Massart et Nouvion-Jacquet dans *La Loi du 9 Avril 1898*, p. 108.

vail agricole diffèrent assez de celles du travail industriel pour que l'on ait recours, en cette occurrence, à une loi spéciale.

Une autre classe de personnes, employée celle-là dans l'industrie, ne bénéficie pas des dispositions de la loi : c'est celle des délégués mineurs qui ne sont pas ouvriers. Cela résulte des explications données au Sénat par M. Thévenet, rapporteur du projet en seconde délibération (1).

Après avoir ainsi rapidement passé en revue les dispositions générales de la loi qui s'appliquent à toutes les indemnités nées d'un accident, que l'incapacité engendrée par celui-ci ait été permanente ou temporaire, nous allons étudier en détail les créances garanties par le nouveau privilège de l'article 2101, c'est-à-dire celles qui résultent des frais médicaux et pharmaceutiques, des frais funéraires et des indemnités dues par le patron pour une incapacité temporaire.

I

FRAIS MÉDICAUX ET PHARMACEUTIQUES

Aux termes de l'article 4 de la loi de 1898, le patron doit supporter les frais médicaux et pharmaceutiques nécessités par un accident survenu à l'un de ses ouvriers.

(1) Sénat, Débats parlementaires, séance du 15 mars 1898.

Pour assurer à ce dernier le recouvrement certain des sommes qu'il a dépensées à cette occasion, l'article 23 lui donne un privilège général sur les meubles du chef d'industrie.

Supposons un ouvrier blessé par l'explosion d'une machine : il se fait soigner, puis paye les hommes de l'art ; il se retournera ensuite contre son patron et celui-ci devra lui rembourser le montant du traitement médical ; afin d'assurer l'efficacité de ce recours, la loi accorde au travailleur le privilège de l'article 2101 du Code civil.

Quels seront les frais médicaux et pharmaceutiques qui seront garantis par ce privilège ?

Il faut, pour répondre à cette question, se reporter d'abord aux idées ordinairement admises sur ce sujet et ensuite à l'article 4 de la loi sur les accidents.

On considère généralement comme frais médicaux et pharmaceutiques, les honoraires des gardes-malades, des médecins et des officiers de santé existant encore, puisqu'ils ont été supprimés pour l'avenir par la loi du 30 novembre 1892, ainsi que le prix des médicaments qui ont été fournis par le pharmacien.

Mais on ne saurait considérer comme tels les sommes versées à un charlatan, un empirique ou un rebouteur. C'est uniquement des personnes exerçant légalement la médecine que la loi veut parler, car les autres n'existent pas à ses yeux. D'autre part, ne seraient pas à regarder comme occasionnées par le traitement médical les dépenses ayant pour but de satisfaire des fantaisies du malade. Il pourra cependant arriver parfois que la satisfaction de ces caprices ait un rapport direct avec les soins donnés à la victime et ait pu lui apporter un véritable soulagement. En ce cas, il appartiendra aux tribunaux de voir jusqu'à quel point on peut les faire rentrer dans le traitement médical et par conséquent dans quelle mesure ils jouissent du bénéfice d'être privilégiés.

En ce qui concerne les soins qui seraient donnés à l'ouvrier dans un hôpital où il aurait été transporté ou dans un établissement thermal où sa blessure aurait nécessité une cure, on devra distinguer les soins médicaux et pharmaceutiques des frais de logement, de nourriture et d'entretien. L'établissement ne pourra réclamer au patron que les dépenses correspondant au traitement médical proprement dit ; les débours faits pour l'entretien du malade doivent être supportés par le travailleur qui, pour y subvenir, reçoit une indemnité journalière dont nous parlerons plus loin.

Le tribunal de Vienne, par jugement du 1er février 1900, confirme cette interprétation :

« Attendu, d'autre part, dit cette décision, que le sieur Cassaza ayant été traité à l'hôpital de l'Hôtel-Dieu de Lyon, la société défenderesse, qui a acquitté les frais complets d'hospitalisation, est bien fondée en principe à retenir, sur le montant de l'allocation journalière, la part afférente aux dépenses de nourriture, de logement et d'entretien du blessé pendant son séjour dans l'établissement hospitalier, lesquelles dépenses ne sauraient être comprises au nombre des frais médicaux et pharmaceutiques » (1).

Pour éviter ce double recours contre l'ouvrier et contre le patron, entre lesquels il sera souvent difficile de diviser les sommes dues à l'établissement sanitaire, le Sénat s'était rallié à un système différent lors du vote de la loi en première délibération, le 5 décembre 1895. Les frais d'hospitalisation, quels qu'ils fussent, restaient entièrement à la charge du patron, mais pendant le temps passé par le blessé à l'hôpital, l'indemnité journalière due par le chef d'industrie, était réduite de moitié. Cette disposition, qui eût évité bien des contestations, fut abandonnée par la seconde Commission du Sénat.

L'article 4 de la loi prévoit dans son deuxième paragraphe certaines difficultés qui pourront s'élever, entre le patron et la victime de l'accident au sujet du choix du médecin. Après avoir dit que le traitement sanitaire est à la charge du chef d'industrie, ce texte ajoute :

« Quant aux frais médicaux et pharmaceutiques, si la victime a fait choix elle-même de son médecin, le chef d'entreprise ne peut être tenu que jusqu'à concurrence de la somme fixée par le juge de paix du canton, conformément aux tarifs adoptés dans chaque département pour l'assistance médicale gratuite. »

Cette disposition est destinée à prévenir de nombreuses contestations. La théorie du risque professionnel, qui

(1) *France judiciaire*, 1900, p. 231.

fait rentrer les accidents survenus à l'ouvrier dans les frais généraux de l'industrie, veut, en effet, que le patron supporte les dépenses occasionnées par le traitement du malade, mais on ne saurait admettre cependant que l'ouvrier pût augmenter arbitrairement celles-ci. Le plus souvent, il n'y aura aucune difficulté. Le malade sera soigné par le médecin attaché à l'usine et le patron acquittera directement les sommes dues à l'homme de l'art, sans que le blessé ait à intervenir.

Mais il peut se faire que le travailleur préfère réclamer les soins d'un autre praticien, en qui il a une confiance particulière. En ce cas, la loi, respectueuse de la liberté individuelle, le lui permet ; elle a seulement pris des précautions pour que cette faculté ne dégénérât pas en abus. Pour cela, divers moyens furent proposés.

La première Commission du Sénat, présidée par M. Poirrier, avait fixé aux frais médicaux et pharmaceutiques le maximum de 100 francs. Cette manière de faire était très critiquable. Suivant les blessures, les dépenses occasionnées par le traitement sont sujettes à des variations considérables.

Dans le projet qui fut ensuite présenté au Sénat par M. Bérenger, au nom de la Commission, le 26 mars 1896, les frais médicaux étaient mis, comme aujourd'hui, à la charge du patron (art. 4), M. Blavier proposa l'amendement suivant :

« Dans tout accident ayant entraîné une incapacité de plus de trois jours, le chef d'entreprise supporte les frais médicaux et pharmaceutiques qui en sont la conséquence directe ainsi que les frais funéraires.

« Toutefois, les frais médicaux et pharmaceutiques ne tombent à sa charge, si la victime a fait choix elle-même de son médecin, que jusqu'à concurrence de la moitié de la somme fixée par le juge compétent » (1).

L'honorable sénateur apportait divers arguments à l'appui de sa proposition : on ne peut craindre ici, disait-il, que l'antagonisme entre le chef d'industrie et l'ouvrier pousse le premier à n'assurer au second que des soins insuffisants, car les deux parties ont le même intérêt : rétablir le plus rapidement possible la santé du travailleur, afin qu'il puisse reprendre son ouvrage. D'autre part, tous les accidents, qu'ils soient la source d'une incacité permanente ou seulement d'un empêchement temporaire de travailler, donnent lieu à des frais médicaux ; c'est donc une charge considérable pour l'industriel et il importe que l'ouvrier ne puisse pas l'augmenter par son simple caprice.

Le Sénat n'adopta pas l'amendement de M. Blavier, mais il limita les frais auxquels pourrait donner lieu le traitement du malade, en leur appliquant le tarif établi, aux termes de la loi du 18 juillet 1893, pour l'assistance médicale gratuite dans les campagnes. C'est le Conseil général qui fixe le prix des visites faites par les médecins chargés de ce service ; le juge de paix, devant qui

(1) Sénat, Débats parlementaires, 1896, p. 303.

sont portées les contestations sur les créances nées des soins donnés à l'ouvrier blessé, n'aura donc qu'à consulter le tarif pour savoir quelles sont les sommes dues au médecin et au pharmacien par le patron. Celui-ci les acquittera directement et, si, comme il en a le droit, le praticien ne se contente pas des honoraires ainsi fixés, il devra s'adresser pour le surplus à l'ouvrier (1).

Les frais médicaux et pharmaceutiques devraient être toujours à la charge du patron, quelle que soit la durée de la maladie et même dans le cas où celle-ci n'aurait pas duré quatre jours. Le patron et l'ouvrier ont en effet un égal intérêt à ce que le travailleur reçoive dès le premier jour de l'accident les soins nécessaires, car souvent un traitement immédiat aura pour effet d'éviter la prolongation de l'incapacité de travail. Or, ce résultat est avantageux pour les deux parties. Le chef d'industrie évite ainsi de payer des indemnités journalières et l'ouvrier y gagne de recouvrer plus tôt l'intégralité de son salaire. Néanmoins le texte de la loi ne permet pas d'appliquer cette règle de raison. Aux termes du paragraphe premier *in fine* de l'article 1, les accidents dont les suites ont duré moins de quatre jours sont exclus du

(1) Statuant pour le cas où il n'y a pas dans le département de tarif fixé pour l'assistance médicale gratuite, le tribunal de paix du XIIIe arrondissement de Paris a décidé, le 22 déc. 1899, que les honoraires du médecin choisi par la victime devaient être fixés au taux usité par les médecins pour la clientèle ouvrière. Dalloz, 1900, 2, 76.

bénéfice de la loi ; ils ne donnent donc droit à aucun des avantages qu'elle organise. En fait, les ouvriers souffriront peu de cette disposition, car ils sont presque tous membres de sociétés de secours mutuels.

Il faut ajouter que le privilège aura peu d'occasions de s'exercer, car le chef d'industrie traitant en général directement avec le médecin, par-dessus la tête de l'ouvrier, celui-ci aura rarement une créance contre le patron par suite d'un traitement médical.

Il est intéressant de voir quels sont les moyens que l'on a pris à l'étranger pour donner à l'ouvrier les soins qui lui sont nécessaires en cas d'accident. En Allemagne et en Autriche, on y a pourvu par l'assurance contre la maladie, qui est obligatoire pour les ouvriers comme l'assurance contre les accidents. Pour l'Empire allemand, cette matière fut réglementée par la loi du 15 juin 1883, aux termes de laquelle toute personne occupée dans une mine, carrière, usine atelier, tout individu ayant un métier ou une profession industrielle ou enfin tout employé ayant un traitement quotidien inférieur à 6 marks 66 (8 fr. 32) doit être assuré contre la maladie à moins que le travail ne soit essentiellement passager et limité à une semaine au maximum. Les ouvriers ont le choix entre quatre types de caisses destinées à les garantir contre la maladie. Ce sont :

1° Les caisses communales, qui existent dans les communes ayant moins de 100 ouvriers et auxquelles doivent s'affilier tous les ouvriers qui ne participent aux secours d'aucune autre caisse.

2° Les caisses locales fondées par une commune ou un groupe de communes renfermant plus de 100 ouvriers. Ces deux espèces d'assurances, à base régionale, ont perdu de leur importance depuis la loi du 16 juillet 1897, qui réorganise les corporations dans la petite industrie.

3° Les caisses industrielles, offrant elle-même une série de types différents : telles sont les caisses de fabrique, que doit fonder tout patron employant plus de 50 ouvriers, les caisses minières, les caisses des travaux de construction, dont le caractère n'est que temporaire, car elles sont instituées pour la durée des travaux entrepris, enfin les caisses de corporation, auxquelles la loi du 16 juillet 1897 a donné un grand essor.

4° Les caisses libres, qui, fondées en général dans un but politique ou religieux, tirent une partie de leurs ressources des cotisations des membres honoraires. Elles ont cette particularité que les patrons ne sont tenus d'y faire aucun versement.

Il en est autrement des trois premières espèces de caisses. Les chefs d'entreprise payent directement à celles-ci un tiers du montant des primes ; les deux autres tiers sont acquittés par des retenues opérées par le patron sur le salaire de ses ouvriers.

Ces diverses assurances garantissent aux travailleurs la gratuité des soins médicaux et pharmaceutiques pendant les treize premières semaines qui suivent l'accident. Si le traitement n'est pas achevé à la fin de cette période, c'est alors la caisse d'assurance contre les accidents qui en assume la charge. A partir de la quatorzième semaine, cette caisse doit rembourser à la caisse d'assurance contre la maladie les dépenses provenant des soins donnés aux blessés.

En Autriche, la loi du 28 décembre 1887, créant l'assurance obligatoire contre les accidents, ne parlait pas des soins médicaux et pharmaceutiques. Ce fut la loi du 30 mars 1888 qui s'en occupa en obligeant les ouvriers à contracter une assurance contre la maladie. Comme en Allemagne, les travailleurs ont le choix entre plusieurs espèces de caisses. Les unes ont été créées par la loi : ce sont les caisses de district, auxquelles doivent s'affilier tous les ouvriers qui ne participent pas à une autre assurance (comme leur nom l'indique, elles sont régionales et correspondent à la circonscription judiciaire), les caisses de fabrique, pour les industries employant un grand nombre de salariés et les caisses d'entreprise de construction, pour les travaux temporaires (1).

Les autres caisses, dont l'institution est antérieure à la loi de 1888, continuent à fonctionner, mais elles doivent garantir à leurs adhérents des secours équivalents à ceux que distribuent les assurances dont nous venons de parler. Ce sont les caisses de corporation, qui comptent parmi leurs membres tous les ouvriers de la petite industrie, (ceux-ci sont groupés en corporations obligatoires

(1) Voir Sachet, *op. cit.* p. 273.

depuis la loi du 15 mars 1883), les caisses minières et les caisses de société.

Comme en Allemagne, un tiers du montant des cotisations est acquitté par le patron et les deux autres tiers sont prélevés sur les travailleurs. Toutefois pour les apprentis et les ouvriers sans salaire, le patron supporte l'intégralité des cotisations ; il en est d'autre part complètement déchargé pour les ouvriers ayant un salaire supérieur à 1.200 florins.

Les frais médicaux et pharmaceutiques sont à la charge de la caisse d'assurance contre la maladie pendant quatre semaines. A partir de la cinquième semaine c'est à la caisse d'assurance contre les accidents de supporter les dépenses faites pour le traitement du blessé.

Dans les pays où l'on a pas établi, comme en Allemagne et en Autriche, des caisses auxquelles le travailleur est obligé de s'affilier, les soins médicaux et pharmaceutiques sont mis tantôt à la charge de l'ouvrier, tantôt à celle du patron.

Ainsi, en Angleterre, d'après la loi du 6 août 1897 sur la réparation des accidents du travail, le patron n'est jamais chargé de cette sorte de frais : c'est l'ouvrier seul qui la supporte. Il faut ajouter que les sociétés d'assistance et de secours mutuels, telles que les *Friendly societies* et les *Trade unions* sont très développées en Angleterre ; ce sont elles qui en réalité acquitteront les dépenses occasionnées par le traitement des blessés et c'est pour cela que la loi n'a pas jugé nécessaire d'en grever le patron.

En Italie, au contraire, ces frais sont à la charge du chef d'entreprise ; la loi du 17 mars 1898 déclare (art. 9) qu'aucun assureur ne peut assumer à sa place la charge de ces soins. C'est là aux yeux du législateur italien, un devoir personnel pour le patron et celui-ci ne peut en être déchargé que dans le cas où il a organisé, à ses frais, une infirmerie dans son établissement, en se conformant aux conditions imposées par le préfet du département. Il faut de plus, bien entendu, que le malade ait été volontairement hospitalisé dans cet établissement (décret réglementaire du 25 sept. 1898) (1).

En un mot, le système admis en Italie, laisse comme chez nous les soins médicaux et pharmaceutiques à la charge du patron, mais le législateur français a eu soin de donner à la créance qui pouvait naître de ce chef au profit de l'ouvrier une garantie spéciale, celle d'un privilège général sur les meubles (2).

(1) Voir Sachet, *op. cit.* p. 375.

(2) Aux termes de l'article 15, les frais médicaux et pharmaceutiques sont de la compétence exclusive du juge de paix. Aussi par diverses décisions, les tribunaux d'Angers (12 déc. 1899, D, 1900, 2, 79), de Beauvais (11 janvier 1900, D. 1900, 2, 87), et la Cour de Besançon (14 fév. 1900, *France judiciaire*, 1900, p. 198), se déclarent-ils incompétents à ce sujet. « Attendu, dit la Cour de Besançon en ce qui concerne la demande Brédère relativement aux frais de maladie, que le renvoi devant le juge de paix s'impose, parce que d'une part non-seulement cette contestation est aux termes de l'article 15 de la compétence exclusive et en dernier ressort de ce magistrat, mais encore parce que le 2e paragraphe de l'article 4 dispose plus spécialement que le chef d'entreprise ne peut être tenu que jus-

II

FRAIS FUNÉRAIRES

Les frais funéraires sont, eux aussi, couverts par le nouveau privilège ajouté à l'article 2101. La famille de l'ouvrier victime de l'accident pourra réclamer au patron le montant des dépenses faites pour la sépulture et cette créance sera garantie par un privilège général sur les meubles du chef d'industrie. Toutefois, comme il importait de ne pas laisser les ayants droit de la victime se livrer en cette occurrence à des frais exagérés, l'article 4 limite ceux-ci à 100 francs.

« Le chef d'entreprise, dit-il dans son paragraphe premier, supporte en outre les frais médicaux et pharmaceutiques et les frais funéraires. Ceux-ci sont évalués à la somme de 100 francs au maximum ».

En fixant ce taux, le législateur de 1898 n'a fait que se conformer aux décisions de la jurisprudence.

qu'à concurrence de la somme fixée par le juge de paix du canton conformément aux tarifs adoptés dans chaque département pour l'assistance médicale gratuite ; que ces affirmations répétées de l'attribution exclusive de compétence au juge cantonnal ne permettent pas de retenir la compétence..... » Toutefois la jurisprudence n'est pas absolument unanime sur la question, car le tribunal de Narbonne a décidé, par jugement du 13 février 1900 (*Revue judiciaire des accidents du travail*, 1900, p. 210), que le tribunal de 1re instance est compétent pour les contestations au sujet des frais médicaux lorsqu'elles sont accessoires à une demande d'indemnité permanente.

Celle-ci avait dû déterminer exactement quelles étaient les dépenses que l'on peut comprendre sous cette dénomination de frais funéraires, car leur recouvrement est, aux termes du paragraphe 2 de l'article 2101, garanti à l'entrepreneur des pompes funèbres par un privilège général sur les meubles du défunt. Or, le tribunal de la Seine fixe invariablement à 99 fr. 75 la somme pour laquelle elle accorde la garantie du privilège (1). Déjà notre ancienne jurisprudence avait admis le système d'une rémunération fixe et le tribunal du Châtelet par acte de notoriété du 4 avril 1692 avait fixé à 20 livres le taux des frais funéraires que l'ensevelisseur pouvait réclamer par privilège.

Ce n'est pas à dire pourtant que l'on doive toujours fixer à un même chiffre la somme que comporte une sépulture et, en particulier dans notre cas, le prix des funérailles de la victime de l'accident sera susceptible de variations au-dessous de 100 fr. En effet les dépenses nécessaires en cette occasion comprennent non seulement ce qui est strictement commandé par le souci de la salubrité publique, mais encore les cérémonies dont il convient d'entourer les funérailles de la victime. Ainsi, seront privilégiés les frais d'inhumation et de transport, les salaires pour la garde du corps, les frais du culte, les hono-

(1) Sirey. 1890, 2, 47. Il est vrai que cette juridiction contrairement à l'opinion des auteurs, estime que l'on ne doit comprendre dans les frais funéraires que les secours strictement nécessaires à l'inhumation. Voir en sens contraire, Sirey, 1887, 2, 40.

raires de la fabrique et du ministre du culte et même les dépenses occasionnées par les billets d'invitation.

Mais au contraire ne seraient certainement pas couverts par le privilège les débours faits par la famille de la victime de l'accident pour le prix d'une concession de terrain et à plus forte raison pour l'érection d'un monument funèbre, car la situation d'un ouvrier ou d'un contremaître ne saurait comporter de semblables dépenses. Elles dépasseraient du reste bien vite le maximum de 100 fr. établi par notre loi.

D'autre part en admettant que ce chiffre ne soit pas atteint, le deuil de la veuve (art. 1481 et 1570) et des enfants de la victime doit-il être compris dans les frais funéraires dus par le patron et couverts par le privilège institué par la loi de 1898 ? La question consiste à savoir si ce sont là des dépenses nécessitées par l'inhumation du défunt. Or sous l'ancienne jurisprudence la question était discutée : parmi les auteurs Pothier et Lebrun, parmi les Parlements, ceux de Paris et de Toulouse admettaient le deuil au nombre des créances funéraires ; Basnage et le Parlement de Bordeaux étaient d'un avis contraire. C'est à cette dernière solution qu'il convient de se ranger aujourd'hui avec la plupart des auteurs, car les frais funéraires actuels comprennent les débours nécessités par la sépulture du défunt et non tous ceux dont le décès est l'origine (1).

(1) Voir Baudry-Lacantinerie et de Loynes *Privilèges et hypothèques*, tome I, p. 264.

Les frais funéraires, qui, dans la loi de 1898, sont en général assimilés au prix des soins médicaux et pharmaceutiques et aux indemnités temporaires, offrent cependant une particularité qui les distingue de ces deux ordres de créances. Aux termes des articles 5 et 6, les chefs d'industrie peuvent se décharger soit des frais médicaux et pharmaceutiques, soit des indemnités temporaires, en traitant sous certaines conditions avec des sociétés de secours mutuels ou en créant des caisses particulières de secours parmi leurs ouvriers. Il en est autrement des frais funéraires ; aucun texte ne permet au patron d'en remettre la charge à autrui.

La loi a sans doute pensé que le chiffre modique des dépenses de cet ordre rendait inutile des mesures destinées à en exonérer l'industriel.

Il pourra arriver que les créances provenant des soins médicaux et pharmaceutiques ou des frais funéraires garantis par la loi du 9 avril 1898 donnent lieu à un double recours et mettent en jeu à la fois deux privilèges généraux sur les meubles.

Que l'on suppose en effet un ouvrier victime d'un accident. Le médecin qui l'a traité a un privilège général sur les meubles de l'ouvrier, pour lui assurer le recouvrement des frais de la dernière maladie de celui-ci (art. 1201, par. 3). D'autre part, le travailleur, lui, a sur les meubles de son patron un privilège général qui lui garantit le remboursement des dépenses occasionnées par le traitement médical. Si nous admettons maintenant que le chef d'industrie meure en ne laissant pas un actif suffisant pour payer ses créanciers, le médecin ne pourra pas faire agir directement contre la succession du patron le privilège qu'il a sur les biens de l'ouvrier. Il devra donc attendre que ce dernier ait actionné l'hoirie du patron et obtenu la collocation du montant de sa créance privilégiée sur les biens de l'industriel pour exercer sur les sommes ainsi mises dans le patrimoine de l'ouvrier son privilège pour les frais de dernière maladie. Toutefois, si le travailleur, estimant que le bénéfice de l'action qu'il va ainsi intenter contre la succession patronale sera complètement absorbé par la créance du médecin, refuse d'agir, le médecin pourra faire valoir lui-même les droits de son débiteur, l'ouvrier, en se servant de l'action indirecte de l'article 1166.

On pourrait faire le même raisonnement à l'occasion de l'inhumation de l'ouvrier victime d'un accident : deux privilèges généraux sur les meubles peuvent en ce cas être mis en œuvre. L'entrepreneur des pompes funèbres a un privilège sur la succession du défunt pour le recouvrement des frais de sépulture et l'hoirie de la victime a, elle aussi, un privilège général sur les meubles du patron jusqu'à concurrence de 100 francs pour garantir le payement des dépenses que les funérailles de l'ouvrier tué ont occasionnées.

Dans ces deux cas, le médecin et la personne qui a fait la sépulture ne pourraient agir judiciairement contre le patron qu'en se servant, par l'action indirecte de l'article 1166, des droits appartenant à la victime de l'accident.

III

INDEMNITÉS TEMPORAIRES

Un accident peut avoir pour l'ouvrier qui en est victime, trois résultats différents : la mort, l'incapacité permanente, ou l'incapacité temporaire.

Pour la réparation des sinistres des deux premières catégories notre loi a eu recours à l'établissement d'un fonds de garantie, destiné à payer aux victimes les pensions auxquelles ne pourraient subvenir des patrons insolvables. Le service de ces rentes ayant une durée considérable, il fallait en effet prévoir le cas où le chef d'entreprise, par suite des chances que court toute industrie, viendrait à être dans l'impossibilité de faire face à ses obligations et on devait assurer alors par d'autres moyens le payement des pensions auxquelles les invalides du travail ont droit.

Pour les indemnités dues à l'ouvrier par suite d'une incapacité de travail seulement temporaire, le législateur s'est, au contraire, contenté d'établir un privilège général sur les meubles du patron laissant ainsi le payement de ces allocations soumis aux chances d'insolvabilité du chef d'industrie. Il n'y avait pas ici les mêmes risques que dans le cas précédent. Ces indemnités, ne devant être versées que pendant un laps de temps restreint, se trouvaient suffisamment protégées par la garantie générale de la solvabilité du patron.

Nous étudierons cette nouvelle application du privilège de l'art. 2101 en nous demandant d'abord en quoi consiste l'incapacité temporaire et en examinant ensuite les mesures édictées par la loi pour permettre à l'ouvrier de la supporter.

Les accidents suivis d'incapacité temporaire sont très nombreux dans l'industrie et l'on a pu remarquer en Allemagne et en Autriche, où la responsabilité patronale fonctionne depuis un certain nombre d'années, que le nombre des petits accidents s'était accru d'une façon considérable depuis la promulgation des lois qui en garantissent la réparation (1). Il faut toutefois rappeler

(1) D'après le *Bulletin de l'Office du travail*, 1899, p. 163, voici le nombre annuel moyen par 1.000 assurés des accidents motivant indemnité survenus dans l'ensemble des corporations industrielles.

Années.	Morts.	Incapacité permanente totale.	Incapacité permanente partielle.	Incapacité temporaire.	Ensemble des accidents indemnisés.
1886	0,70	0,44	1,09	0,57	2,80
1887	0,77	0,73	2,11	0,53	4,14
1888	0,68	0,43	2,38	0,86	4 35
1889	0,71	0,49	2,70	0,81	4,71
1890	0,73	0,38	3,27	0,98	5,36
1891	0,71	0,32	3,42	1,10	5,55
1892	0,65	0,30	3,55	1,14	5,64
1893	0,69	0,27	3,82	1,25	6,03
1894	0,65	0,16	3,82	1,62	6,25
1895	0,67	0,15	3,57	1,85	6,24
1896	0,71	0,10	3,53	2,38	6,72
1897	0,70	0,10	3,52	2,59	6,91

Il faut remarquer que cette statistique ne comprend pas les acci-

que chez nous, comme dans tous les autres pays, le législateur ne s'est pas occupé des accidents entraînant une interruption de travail très courte. Il faut, aux termes de la loi de 1898, que l'incapacité ait duré plus de quatre jours pour que le patron soit tenu d'en indemniser la victime : pour les accidents dont les suites ont été de moins de cinq journées, le travailleur n'aura droit à aucune allocation pécuniaire. En Italie pour que l'ouvrier obtienne une indemnité, l'interruption de travail doit avoir duré six jours au moins ; en Allemagne le législateur n'a exigé qu'un délai de deux jours ; par contre, en Angleterre, une suspension de travail de deux semaines est nécessaire.

Lorsqu'il s'agit de la réparation des accidents ayant entraîné une invalidité permanente pour le travailleur, notre loi fait une distinction très rationnelle entre l'incapacité absolue et l'incapacité partielle ou relative. Pour celle-ci, comme la victime a conservé une certaine faculté de travail, la pension qui lui est servie est égale à la moitié de la réduction que l'incapacité partielle a fait subir au salaire de la victime (art. 3), tandis que, si l'invalidité est absolue, l'ouvrier a droit à une rente égale aux deux tiers de son salaire. Il semblerait naturel d'établir une telle division dans les incapacités tempo-

dents dont les suites ont duré moins de 14 semaines, car, pendant les 13 premières semaines, les blessés sont à la charge des caisses de maladie. En réalité les incapacités temporaires sont donc beaucoup plus nombreuses.

raires, car elles aussi peuvent laisser au travailleur une partie de ses moyens de subsistance. Ce système est admis en Italie et en Danemark où la loi distingue les incapacités temporaires absolues ou partielles. Les législations allemande, autrichienne, anglaise et norvégienne ont aussi implicitement consacré cette théorie, car elles n'établissent aucune distinction entre l'incapacité temporaire et l'incapacité permanente. Elles divisent seulement les incapacités en absolues et partielles et ne s'occupent pas de savoir s'il s'agit d'une invalidité définitive ou d'une simple interruption dans le travail de l'ouvrier.

Le législateur français n'a point partagé cette manière de voir : alors qu'il répartissait les incapacités permanentes en deux classes, celles qui sont absolues et celles qui ne sont que relatives, il a établi pour les incapacités temporaires une seule et même règle. Que celles-ci mettent l'ouvrier dans l'impossibilité de travailler ou qu'elles le privent seulement d'une partie de ses facultés productives, elles sont soumises aux mêmes principes. C'est M. Poirrier, rapporteur de la Commission des accidents, qui fit adopter ce système par le Sénat à la séance du 5 juillet 1895 et sa théorie a survécu aux diverses modifications dont le projet de la Commission fut l'objet. Il expliqua en effet à la Haute-Assemblée, que, dans les incapacités temporaires, toute distinction entre les incapacités absolues et celles qui sont relatives est purement théorique. Le plus souvent si l'ouvrier peut encore travailler, pendant la période de repos qui suit l'accident, les occupations auxquelles il lui est possible de se livrer, n'ont aucun rapport avec sa profession. Il lui faudrait pour en tirer un bénéfice chercher du travail ailleurs et changer de localité. Or l'intérêt direct de l'ouvrier est au contraire de garder sa place dans l'usine afin de la reprendre le plus tôt possible. M. Félix Martin vint apporter au rapporteur l'appui de son expérience médicale. Le plus souvent, dit-il, lorsque l'incapacité temporaire n'est que partielle, on laisse travailler l'ouvrier à ce qu'il peut faire dans l'usine et, bien qu'il produise ainsi beaucoup moins jusqu'au jour de sa guérison, il garde son salaire intégral. Ces raisons parurent convaincantes au Sénat. Il faut toutefois reconnaître, comme le fit remarquer M. Blavier, que souvent une incapacité temporaire absolue rend la victime incapable de se mouvoir et immobilisera auprès d'elle jusqu'au jour de la guérison une autre personne qui perdra ainsi son salaire. Si l'on avait relevé l'indemnité afférente à l'incapacité temporaire absolue, elle eût pu subvenir aux besoins de ces deux individus.

Le législateur en établissant une règle unique pour les incapacités temporaires, quelle que soit leur nature, a suivi l'exemple des compagnies d'assurance (1). Celles-ci

(1) Voir comme exemple un modèle de police collective de la Société « le Soleil-Sécurité générale » (*Bulletin de l'Office du travail*, 1898, p. 285). Il n'y est fait aucune différence au point de vue de l'indemnité pour incapacité temporaire entre les incapacités absolues et les incapacités partielles.

fixent à l'avance dans leurs polices la somme qui sera quotidiennement allouée à la victime d'un accident ayant occasionné une interruption de travail, sans se préoccuper de savoir si l'incapacité est absolue ou relative. Cette indemnité est tantôt fixe et tantôt proportionnelle au salaire. Dans ce dernier cas, elle représente soit une fraction du salaire de la victime, soit le salaire intégral que celle-ci aurait gagné en un certain nombre d'heures de travail, pendant cinq heures chaque jour, par exemple. Ces mêmes polices déterminent à l'avance la durée maxima de la période pendant laquelle l'allocation journalière sera servie et le terme fixé est ordinairement six mois. Souvent aussi au bout d'un certain délai, trois mois par exemple, l'indemnité est réduite de plein droit soit de moitié, soit du quart (1).

Des difficultés très fréquentes s'élèvent au cas où l'on ne peut déterminer immédiatement après l'accident si la blessure aura comme suite une invalidité permanente ou une incapacité temporaire. Est-ce au juge de paix ou au tribunal de première instance qu'il appartient alors de statuer, puisque, aux termes de la loi, le premier est compétent en cas d'incapacité temporaire et le second au cas d'invalidité permanente? La question se complique des dispositions des deux derniers paragraphes de l'art. 16, ainsi conçus :

« Si la cause n'est pas en état, le tribunal surseoit à

(1) Voir Sachet, *op. cit.*, p. 249.

statuer et l'indemnité continuera à être servie jusqu'à la décision définitive.

« Le tribunal pourra condamner le chef d'entreprise à payer une provision ; sa décision sur ce point sera exécutoire nonobstant appel ».

La première de ces dispositions indique que le tribunal de première instance pourra avoir à statuer sur une demande qui aura été jugée par le juge de paix, puisqu'il y est question d'une indemnité temporaire préalablement fixée ; or ceci est contraire à l'article 15 qui dit que le juge de paix statue en dernier ressort sur les indemnités temporaires. D'autre part, aux termes du dernier alinéa de cet article 15, le tribunal peut allouer une provision, ce qui ferait double emploi avec l'indemnité fixée par le juge de paix. La question est donc fort complexe et de plus la jurisprudence sur la matière est très divisée (1).

(1) Voici quelques décisions judiciaires sur ce sujet :

En faveur de la compétence du juge de paix pour les indemnités temporaires précédant une rente pour invalidité permanente :

Tribunaux de paix de Paris, XIIIe arrond. 1er déc. 1899, D. 1900, 2. 73 ; du XIe arrond., 6 déc. 1899, D. 1900, 2. 73 ; Cour de Douai, 18 janv. et 5 av. 1900, *Lois nouvelles*, 1900, p. 103 ; Tribunal de Toulon, 23 janv. 1900, *France judiciaire*, 1900, p. 51 ; Tribunal d'Angers, 12 déc. 1899, D. 1900, 2. 79 ; Tribunal de paix du XIe arrond. 22 août 1900, *La Loi*, 25 août 1900.

En faveur de la compétence du Tribunal de première instance dans le même cas : Tribunaux de Paix de Paris, VIIe arrond. 26 janv. 1900, du Ier arrond., 5 janv. 1900, du XXe arrond. 23 janv. 1900, D. 1900, 2, 73 ; Tribunal de la Seine, 13 janv. 1900, D., 1900, 2, 81 ; Cour de Besançon, 14 fév. 1900, *France judiciaire*, 1900, p. 198.

Pour concilier ces textes en apparence contradictoires, il faut nettement dégager deux hypothèses différentes.

1° Il arrive fréquemment qu'à la suite de certains accidents comme ceux qui provoquent des lésions internes, l'ouvrier incapable de travailler pense que son invalidité ne sera pas définitive. Il s'adresse alors au juge de paix, qui lui alloue une indemnité de demi-salaire. Puis, après un certain temps, il s'aperçoit qu'il ne pourra jamais reprendre son ancien travail ; il se tourne alors vers le tribunal civil qui transforme l'indemnité journalière en une rente permanente. C'est le cas prévu par l'alinéa 4 de l'art. 16. En ce cas, les deux ordres de garanties instituées par la loi sont successivement en jeu. Pendant que l'indemnité fixée par le juge de paix est servie, elle est garantie par le privilège général sur les meubles du chef d'industrie institué par l'art. 23. Puis, lorsque le tribunal civil aura remplacé l'indemnité journalière par une rente, celle-ci jouira naturellement des garanties établies par la loi pour assurer le payement des pensions viagères.

2° Supposons maintenant que, dès le jour de l'accident, l'incapacité permanente se présente comme la suite inévitable de l'accident ; c'est alors au tribunal civil qu'il appartient de fixer la rente qui sera servie. Mais, pour attendre l'issue du procès, des ressources sont nécessaires à la victime ; à quelle juridiction devra-t-elle les demander ? Ce sera à la juridiction chargée de juger le litige, c'est-à-dire au tribunal de première instance ; le dernier paragraphe de l'art. 16 a précisément trait à cette hypothèse et déclare qu'en ce cas, le tribunal imposera au chef d'industrie le payement d'une provision.

Bien que la provision ainsi allouée affecte le plus souvent la forme d'une indemnité payée au jour le jour, comme l'indemnité fixée par le juge de paix à la suite d'une incapacité temporaire, elle en diffère radicalement dans le fond. Elle n'est qu'un accessoire de la pension viagère et aura les mêmes garanties qu'elle ; elle ne sera donc jamais couverte par le privilège général sur les meubles du chef d'industrie établi par l'article 23.

Il a cependant été soutenu qu'en ce cas le juge de paix était compétent pour fixer une indemnité temporaire qui serait servie à la victime jusqu'au jour où, son instance ayant abouti, elle serait mise en possession de la rente à laquelle elle a droit. Cette théorie, appuyée sur la circulaire du Ministre du commerce du 24 août 1899, a été admise par les juges de paix des XIe et XIIIe arrondissements, le tribunal d'Angers et la Cour de Douai : c'est elle qui a porté dans la jurisprudence la confusion qui y règne sur ce point. On argue en ce sens des termes généraux de l'article 15 qui donne compétence au juge de paix pour tout ce qui a trait « aux indemnités temporaires. » Mais nous venons de voir qu'il s'agit ici non d'indemnités temporaires, au sens réel du mot (c'est-à-dire d'allocations ayant leur cause dans une incapacité temporaire), mais de véritables provisions, prenant la forme d'une allocation quotidienne. Du reste en admettant cette opinion, on arrive inévitablement à un cumul d'indemnités provisoires ; le juge de paix devient compétent pour fixer une indemnité temporaire préalable à une pension viagière et, pour le même cas, en vertu du dernier paragraphe de l'article 16, le tribunal a le droit d'ordonner le payement d'une provision. Le moindre inconvénient de cet état de choses serait une contrariété inévitable entre les décisions rendues sur ce même point par deux ordres différents de juridictions.

Ayant vu ainsi en quoi consiste l'incapacité temporaire, examinons maintenant les moyens pris par la loi pour en assurer la réparation. Le législateur a dans ce but obligé le chef d'industrie à payer à la victime de l'accident une indemnité égale à la moitié du salaire que celle-ci touchait au moment du sinistre :

« Dans les cas prévus à l'article premier, l'ouvrier ou l'employé a droit :

« Pour l'incapacité temporaire à une indemnité journalière égale à la moitié du salaire touché au moment de l'accident, si l'incapacité de travail a duré plus de quatre jours et à partir du cinquième jour », dit l'article 3.

La base prise par notre loi pour le calcul des indemnités, soit temporaires, soit permanentes, est le salaire de l'ouvrier; en cela le législateur français a suivi l'exemple qui lui avait été donné par les divers pays étrangers. La rémunération du travailleur est en effet toujours sa principale et souvent son unique ressource. On peut donc considérer que sa perte prive l'ouvrier de tout moyen d'existence. Néanmoins, aucun législateur n'a établi en principe que l'allocation servie au travailleur, mis par un accident industriel dans l'incapacité de subvenir à ses besoins, serait égale au salaire qu'il touchait auparavant.

D'abord, il ne serait pas juste qu'un ouvrier qui ne travaille plus reçût un salaire égal à celui de son compagnon qui passe ses journées à l'usine : c'est là le principe de toute retraite. En outre, la théorie du risque professionnel elle-même ne comporte pas un semblable résultat : elle est en effet essentiellement basée sur un forfait. Le patron devra la réparation de tout accident, même si celui-ci vient d'une faute légère de l'ouvrier ; mais ce dernier ne recevra jamais qu'une réparation partielle du sinistre, même dans le cas où, l'accident étant survenu par la faute du patron, celui-ci, d'après les principes du Code civil, aurait dû réparer l'intégralité du dommage, c'est-à-dire verser au travailleur une indemnité égale au salaire qu'il touchait précédemment. De cette façon, les deux parties abdiquant une partie de leurs droits, tout accident donnera lieu à une indemnité, à moins qu'il n'ait été intentionnellement provoqué par la victime ou qu'il ne résulte d'un cas de force majeure, c'est-à-dire d'une cause absolument étrangère à l'industrie.

Enfin, il y a aussi à ce principe de l'indemnité partielle une raison toute pratique, mais qui n'en a pas moins son importance : c'est que l'industrie nationale qui supportera déjà avec peine la réparation partielle des accidents aurait été écrasée par le fardeau d'une reparation intégrale.

Ce principe de l'indemnité représentant une fraction seulement du salaire étant admis il restait à déterminer quel serait le rapport entre le salaire et le montant de l'indemnité. Notre loi a décidé que cette dernière serait égale à la moitié du salaire pour les incapacités temporaires, tandis que, pour les incapacités permanentes, elle deviendrait égale aux 2/3 du salaire en cas d'invalidité absolue et à la moitié de la réduction subie par les émoluments de l'ouvrier en cas d'incapacité partielle. Quelle est la raison de cette différence ? C'est d'abord, semble-t-il, qu'au cas d'incapacité temporaire, le patron aura à supporter la charge des soins médicaux et pharmaceutiques qui seront nécessaires pendant tout le temps où l'ouvrier ne pourra pas travailler. En cas d'invalidité définitive, au contraire, le chef d'industrie n'aura à subvenir à de telles dépenses que pendant les premiers mois suivant l'accident. D'autre part, il faut remarquer que la loi ne fait pas de distinction entre les incapacités temporaires absolues et partielles. Le législateur, en établissant pour ces deux cas un taux uniforme, la moitié du salaire, a fait une espèce de transaction entre le cas où l'indemnité serait plus que suffisante, le malade pouvant encore travailler, et celui où elle serait trop faible, la victime étant condamnée à un repos absolu. En Allemagne et en Autriche, le législateur ne fait pas de différence entre les incapacités permanentes et temporaires ; il n'établit de division qu'entre les invalidités partielles et absolues, aussi la solution est-elle différente : l'ouvrier atteint d'une invalidité absolue a droit, que celle-ci soit définitive ou temporaire, aux 2/3 de son salaire journalier. Dans l'Empire allemand, le payement de cette allocation à la suite d'un accident industriel est fait de la façon suivante. A partir du troisième jour et pendant treize semaines, la caisse de secours contre la maladie paye au blessé une allocation journalière égale à la moitié de son salaire. De plus, depuis la cinquième semaine, l'allocation journalière est portée aux 2/3 du salaire. La différence entre les 2/3 et la moitié du salaire est soldée par la caisse d'assurance contre les accidents. Depuis la quatorzième semaine, l'allocation est complètement à la charge de l'assurance contre les accidents.

Un système analogue est adopté en Autriche : à partir du quatrième jour qui suit l'accident pendant vingt semaines consécutives, le blessé reçoit un secours égal à 6 0/0 de son salaire.

L'indemnité temporaire, qui est couverte par le privilège de l'art. 2101, est une allocation journalière. Alors qu'en cas d'invalidité permanente l'ouvrier a droit à une pension qui lui est payée par trimestre, l'indemnité pour incapacité temporaire sera due jour par jour. De ce que l'indemnité est due quotidiennement, il ne faut pas tirer cette conséquence absolue qu'elle devra être acquittée chaque jour. « Il est permis de penser, dit le Ministre du commerce, M. Millerand, dans sa circulaire du 24 août 1899, qu'elle pourrait être légalement acquittée aux époques usitées pour la paye du salaire dans l'industrie à laquelle appartient la victime. »

Pour connaître le montant de l'indemnité de l'ouvrier, il faut avant tout déterminer son salaire. La loi, pour les incapacités temporaires, déclare que l'on se basera, pour le calcul de l'allocation quotidienne, sur le salaire que touchait le travailleur au jour de l'accident. L'art. 3 parle en effet en ce cas d' « une indemnité journalière égale à la moitié du salaire touché au moment de l'accident ». C'est là le système adopté par les compagnies d'assurances. Cette manière de procéder a été écartée par les législations allemande et autrichienne. Dans ces pays, on calcule le salaire que l'ouvrier a touché dans l'année qui a précédé l'accident. Puis on évalue le nombre de jours pendant lesquels l'ouvrier a effectivement travaillé durant cette année; on exclut ainsi les jours fériés, les périodes de maladie, de chômage, etc... En divisant le premier chiffre par le second, on a le salaire qu'a touché l'ouvrier pour chaque journée de travail. C'est sur ce salaire qu'on calcule l'indemnité journalière.

La loi française a voulu simplifier ces calculs en indiquant comme base de l'indemnité journalière « le salaire touché au moment de l'accident ». Pour les invalidités permanentes, elle a pris comme base de la pension allouée à la victime le traitement de l'ouvrier pendant les douze mois qui ont précédé l'accident : on ne pouvait en effet pour des pensions destinées à être payées pendant de longues années, prendre une base de détermination plus étroite. Mais, pour les indemnités temporaires qui ne doivent durer normalement que peu de temps, le législateur a pensé qu'il suffisait de prendre comme base de calcul le gain effectif de l'ouvrier au moment de l'accident. Peut-être a-t-il eu tort.

Les tergiversations du Parlement à ce sujet prouvent du reste la difficulté de la question. Le 20 mai 1890, le projet voté par le Sénat disait : « Le salaire quotidien moyen s'entendra de la rémunération accordée par le chef d'entreprise à l'ouvrier soit en argent soit en nature pendant les douze mois écoulés avant l'accident, ladite rémunération divisée par 365. » On avait ainsi une base plus large : il faut du reste remarquer que de cette façon on obtenait non le salaire d'une journée de travail, mais le salaire d'une journée en général, l'ouvrier ne travaillant pas 365 jours par an. Lorsqu'en 1895 le projet de loi sur les accidents fut repris par le Sénat, la Commission avait d'abord adopté, pour les indemnités journalières, une base de calcul analogue à celle de notre loi de 1898 : on devait se fonder sur le « salaire que l'ouvrier recevait au moment de l'accident ». Ce mode de détermination ayant à juste titre paru trop vague, la Commission prit en considération le salaire hebdomadaire, divisé par sept. Enfin cette base ne paraissant pas encore assez large, le rapporteur, M. Poirrier, fit adopter au Sénat la disposition suivante, le 28 octobre 1895 :

« Art. 9. — Le salaire quotidien, qui sert de base à la détermination de l'indemnité journalière, s'obtient en prenant le trentième du gain total que la victime de l'accident a réalisé dans l'entreprise, soit en argent, soit en nature pendant les trente derniers jours qui ont précédé l'accident. »

En seconde délibération on se borna à prendre le quinzième du gain de quinze jours. Enfin, en 1897, la Chambre des députés présenta le texte actuel, beaucoup plus vague, qui a passé dans la rédaction définitive (1).

(1) Une autre simplification faite par la loi française, résulte de ce que les majorations ou diminutions d'indemnités causées par la faute inexcusable du patron ou de la victime ne s'appliquent pas aux allocations journalières. Cela résulte de l'art. 20, ainsi conçu :

« Aucune des indemnités déterminées par la présente loi ne peut être attribuée à la victime qui a intentionnellement provoqué l'accident.

« Le tribunal a le droit, s'il est prouvé que l'accident est dû à une faute inexcusable de l'ouvrier, de diminuer la pension fixée au titre premier.

« Lorsqu'il est prouvé que l'accident est dû à la faute inexcusable du patron ou de ceux qu'il s'est substitués dans la direction, l'indemnité pourra être majorée, mais sans que la rente viagère ou le total des rentes viagères allouées puisse dépasser soit la réduction soit le montant du salaire annuel. »

Il semblerait résulter du premier paragraphe de cet article qu'il est applicable aux allocations journalières car la loi y emploie le terme général d'indemnité. Mais le dernier paragraphe prouve clairement que le législateur n'a voulu s'occuper ici que des rentes et pensions et non des indemnités pour incapacité temporaire.

Que faut-il entendre par ces expressions « salaire touché au moment de l'accident » ? Il semblerait que ce fût le gain réalisé la veille ou l'avant-veille du jour du sinistre, mais une telle solution amènerait des injustices évidentes : que l'ouvrier ait chômé quelques jours et qu'en reprenant son travail, il soit victime d'un accident, il n'aurait droit à aucune indemnité. Si l'on suppose, au contraire, qu'il ait eu pendant les derniers jours précédant le sinistre des gains exceptionnels, l'indemnité serait fortement majorée au préjudice du patron qui la paye. Evidemment le juge de paix devra faire une moyenne.

Il faut remarquer que le législateur se préoccupe ici du gain d'une journée de travail et non du gain quotidien moyen ; il parle, en effet, du salaire touché au moment de l'accident ; or, le salaire n'est touché que pour les journées de travail. Il faudra donc, si le travailleur est payé par semaine, diviser la somme reçue par 6 et non par 7, l'ouvrier ne travaillant que 6 jours par semaine. Ce système est le même que celui des législations allemande et autrichienne, qui, pour avoir le salaire de l'ouvrier, divisent son gain annuel par 300, admettant d'une façon générale, qu'un travailleur chôme 65 jours par an. Nous avons vu que le projet voté par le Sénat en 1890 parlait, au contraire, du gain quotidien moyen de l'ouvrier et non du gain d'une journée de travail : aussi divisait-il le salaire reçu dans une année par 365. Avec le système de notre loi de 1898, l'indemnité journalière est un peu plus forte que si l'on avait appliqué la disposition votée en 1890.

Mais cette indemnité, basée sur le gain de la journée de travail et non sur le gain quotidien moyen, sera-t-elle due pour les dimanches et les jours fériés ? La circulaire du Ministre du commerce, du 24 août 1899, tranche la question affirmativement. « Il n'est pas douteux, par contre, qu'au regard de cet article, dit-elle en parlant de l'article 3 de la loi, les dimanches et jours fériés doivent être mis absolument sur le même pied que les jours ouvrables. »

La plus grande partie de la jurisprudence s'est rangée à cet avis (1).

Elle est toutefois loin d'être unanime ; plusieurs décisions déclarent que le paiement de l'indemnité temporaire doit être suspendu les dimanches et jours fériés (2).

La question reste théoriquement douteuse. La base du calcul de l'indemnité est le salaire de l'ouvrier ; or,

(1) Tribunaux de paix de Paris du XIIIe arrond., 1er déc. 1899, du XIe arrond. les 1er et 6 déc. 1899, D. 1900, 2, 73 ; Tribunal de paix de St-Etienne, canton Sud-Ouest, 27 oct. 1899, D. 1900, 2, 73 ; Tribunal de paix de Jarnac, 10 avril 1900, Tribunal de paix de Paris du XVe arrond., *Revue judiciaire des accidents du travail*, p. 264 et 265 ; Tribunal civil de St-Etienne, 5 fév. 1900, *même revue*, p. 213 ; Tribunal civil d'Orléans, 14 fév. 1900, *France judiciaire*, 1900, p. 137 ; Cour de Dijon, 5 mars 1900, D. 1900, 2, 195.

(2) En ce sens, Tribunal de paix de Marseille, 2 sept. 99, *France judiciaire*, 1900, p. 152 ; Tribunal de Vienne, 1er fév. 1900, *France judiciaire*, 1900, p. 232 ; Tribunal civil d'Alais, 8 fév. 1900, *Revue judiciaire des accidents du travail*, 1900, p. 216.

celui-ci ne court pas les jours de dimanches ou de fêtes. Lorsqu'il entre dans un atelier, l'ouvrier n'a en vue que le gain des jours ouvrables, avec lequel il devra suffire à ses besoins pendant les jours fériés ; il semble qu'il doit en être de même de l'indemnité journalière. C'est là ce que fait nettement ressortir le jugement du tribunal d'Alais précité :

« Attendu, dit-il, qu'ici la loi reprend son caractère forfaitaire dans toute sa rigueur, et que l'ouvrier, en s'embauchant, n'ayant dû compter que sur le salaire des journées qu'il pouvait effectuer, n'a eu en prévision, au cas de blessure que la moitié du salaire de ses journées effectives ; qu'il ne s'agit plus d'un devoir impérieux, de subvenir aux nécessités immédiates de la vie, comme dans le cas précédent, mais d'un ensemble de salaires qui lui seront régulièrement servis et assureront sa subsistance et celle de sa famille ;

« Attendu que cette idée paraît ressortir des expressions mêmes dont le législateur s'est servi ; que ce n'est pas en vain qu'il a employé ces mots : indemnité journalière, qui visent sûrement les seules journées ouvrables, tandis qu'au contraire si ses intentions avaient été autres, il aurait substitué l'expression : indemnité quotidienne à celle de : indemnité journalière ; ou bien il se serait servi d'une périphrase caractérisant facilement ses intentions ; qu'on ne saurait attribuer aux mots un sens autre que celui qu'ils ont dans le langage usuel ; que la loi créée en vue de protéger le travail manuel, ses auteurs ont à dessein visé la journée...

« Attendu qu'on ne peut mettre en doute cette interprétation, le législateur ayant employé des termes différents suivant des situations différentes, comme pour mieux caractériser son intention, qu'ainsi il s'exprime autrement quand il s'agit d'accidents ayant entraîné une incapacité permanente et définitive que lorsqu'il est question d'une incapacité temporaire ;

« Attendu qu'il est donc permis de conclure, non seulement d'après la rigueur des textes, mais encore par le rapprochement avec les textes voisins et la manifeste intention du législateur que l'ouvrier, étant payé à la journée, ne doit toucher un demi-salaire s'il est blessé que pour les jours pendant lesquels il aurait travaillé et reçu un salaire ; que l'indemnité ne sera payable les dimanches et jours fériés que si la victime travaillait ordinairement ou avait dû travailler ces jours-là... »

Il semble, en effet, difficile d'attribuer à l'ouvrier blessé un demi-salaire pour les jours où, bien portant, il n'aurait touché aucun salaire. Toutefois, le courant inverse, celui qui attribue l'indemnité journalière au travailleur même pour les jours fériés, l'emportera probablement dans la jurisprudence, appuyé qu'il est par la circulaire précitée du Ministre du commerce.

La loi ne parle pas, pour les indemnités temporaires, du cas où l'ouvrier serait employé dans une industrie chômant régulièrement un certain nombre de jours par semaine, telle que les houillères des Bouches-du-Rhône qui travaillent trois jours par semaine en hiver et quatre en été.

Si l'on suppose que, pendant ces jours réguliers de chômage, le travailleur s'occupe au dehors, devra-t-on tenir compte de ce salaire supplémentaire dans le calcul de l'indemnité ? On sait que notre loi répond affirmativement en ce qui concerne les incapacités permanentes :

« Si le travail n'est pas continu, dit le paragraphe 3 de l'article 10, le salaire est calculé tant d'après la rémunération reçue pendant la période d'activité que d'après le gain de l'ouvrier pendant le reste de l'année. »

Mais le silence de la loi ne permet pas d'étendre une telle disposition aux cas d'incapacité temporaire. On ne devra donc tenir compte à l'ouvrier que du salaire qu'il touche à l'usine.

De plus, si l'ouvrier est peu assidu au travail, chôme fréquemment, son indemnité sera néanmoins, d'après notre loi, aussi élevée que celle du travailleur très laborieux touchant le même salaire (1).

Il est vrai que ces petites injustices sont en somme peu sensibles pour les indemnités temporaires, appelées à ne durer qu'un laps de temps restreint.

(1) Toutefois le tribunal civil d'Alais n'admet pas cette manière de voir : il veut que l'on ne tienne pas compte à l'ouvrier des journées pendant lesquelles il a volontairement chômé.

« Autrement, dit cette décision, la loi perdrait son caractère de forfait et constituerait une prime pour l'ouvrier négligent et paresseux, ce qu'elle n'a certainement pas voulu. » Alais, 5 janv. 1900, *La Loi*, 8 fév. 1900.

Cette solution, certainement plus conforme à l'équité que celle que nous soutenons, serait susceptible de soulever dans son application de nombreuses difficultés.

Le salaire effectif de l'ouvrier ne sera pas toujours facile à déterminer. Il faut d'abord y comprendre le salaire en nature aussi bien qu'en argent. Si le patron fournit à ses subordonnés la nourriture ou le logement, par exemple, il faudra évaluer pour chaque jour le montant de la dépense ainsi épargnée à l'ouvrier et ce chiffre viendra grossir celui du gain quotidien fait par le travailleur à l'usine. On ne devra pas cependant faire entrer dans le calcul du salaire les gratifications exceptionnelles reçues par l'ouvrier ou retrancher de son montant les amendes infligées pour malfaçons. Ces augmentations ou diminutions de gain ont un caractère trop exceptionnel pour être comprises dans le salaire journalier du travailleur au moment de l'accident (1).

Si l'ouvrier est payé à la journée, le calcul de son salaire est aisé : le juge de paix se basera sur le gain de la veille de l'accident, ou, comme nous l'avons vu, si le dernier salaire touché était exceptionnellement élevé ou particulièrement bas, sur le gain moyen des derniers jours. Si la paye n'a lieu dans l'usine que toutes les semaines

(1) C'est ainsi que le tribunal de paix de Jarnac (10 avril 1900, *Revue judiciaire des accidents du travail*, 1900, p. 264), déclare que les prestations accessoires, telles que la nourriture fournie par le patron doivent être comprises dans l'évaluation du salaire de base.

De même, le tribunal de Narbonne (17 juillet 1900, *La Loi*, 26 juillet 1900), déclare que l'on doit comprendre dans le salaire de base, l'indemnité de résidence et la prime éventuelle à raison de l'économie de combustible que la Compagnie des chemins de fer du Midi verse à ses chauffeurs. Cette prime, constituant non pas une gratification ou un cadeau, mais la rémunération d'un service.

ou tous les quinze jours, on en divisera le chiffre par le nombre de jours de travail effectif, puisque le législateur a pris en considération le gain d'un jour de travail et non le gain quotidien moyen. Si l'ouvrier travaille à l'heure, ce ne sera plus une division, mais une multiplication qu'il faudra faire : on multipliera le salaire de l'heure par le nombre d'heures que l'ouvrier emploie chaque jour à son ouvrage.

Mais il pourra se produire des hypothèses plus compliquées. Supposons que l'ouvrier travaille à la tâche : on devra calculer la somme que le travailleur gagnait en moyenne chaque jour pendant la période qui a immédiatement précédé l'accident ; la rémunération qu'il touche en achevant son ouvrage doit être divisée par le nombre de journées qu'il a employées à le faire.

Il arrive dans certaines industries comme le tissage, que les ouvriers touchent un salaire progressif. A leur gain normal vient s'ajouter une prime qui augmente avec la rapidité de la fabrication. Ainsi, la tisseuse doit normalement produire dans une quinzaine tant de mètres de toile. Si elle parvient à fabriquer une pièce de plus, elle a une prime de deux francs ; si elle produit deux pièces en plus, elle touche deux primes, la première de deux francs, la seconde de trois francs et ainsi de suite. Ces primes devront évidemment être comprises dans le salaire touché au moment de l'accident. On devra donc répartir sur la dernière quinzaine le montant des primes que l'ouvrière a touchées et c'est son salaire quotidien ainsi augmenté qui servira de base à l'indemnité temporaire.

Dans le salaire *à échelle mobile*, variant suivant le prix de vente des produits, tel qu'il est établi en particulier dans certaines houillères, on ne peut connaître le taux du salaire qu'une fois la marchandise vendue, car c'est le prix de celle-ci qui fixe le gain de l'ouvrier. Le juge de paix devra ici se reporter au dernier salaire touché pour déterminer le montant de l'indemnité journalière à laquelle l'ouvrier à droit.

La question du salaire devant servir de base à l'indemnité pour incapacité temporaire deviendra beaucoup plus délicate en cas de salaire collectif à la tâche et de participation aux bénéfices.

Le premier de ces modes de rémunération, qui est employé dans les grands travaux publics, comme les expositions universelles, consiste à répartir entre diverses équipes d'ouvriers certains travaux dont le prix est établi à forfait (1). Dans un travail, on fixera, nous le supposons, 1000 francs comme prix de la main-d'œuvre. Un ouvrier chef forme un groupe de ses compagnons et se présente pour accepter le travail. Il répartit entre lui et ses camarades la tâche en établissant pour chacun d'entre eux un salaire à l'heure qui varie suivant la difficulté du travail : ainsi l'un recevra 0 fr. 90 l'heure, un autre 0 fr. 80 un troisième 0 fr. 70 etc. Sur les 1000 fr. donnés

(1) V. Sachet, *op. cit.*, p. 349.

à la main-d'œuvre, il reste une fois le travail achevé et les salaires payés un *boni* de 150 fr. par exemple. Cette somme est distribuée entre les divers ouvriers au prorata de leurs salaires respectifs. C'est là le salaire collectif à la tâche. Supposons maintenant qu'un ouvrier soit blessé au cours du travail ; il s'agit pour le juge de paix de fixer le salaire quotidien afin de déterminer l'indemnité temporaire qu'on devra allouer à la victime. Dans le salaire se trouvent deux éléments : le premier sera obtenu en multipliant le gain que faisait par heure l'ouvrier par le nombre d'heure de la journée ; le second résulte de la répartition du boni entre les divers travailleurs et ne pourra être connu qu'après l'achèvement du travail. Le juge de paix devra, nous semble-t-il, tenir compte de ces deux éléments dans l'évaluation du salaire. Il y aura un calcul de probabilité à faire pour le second ; si les travaux sont déjà avancés et qu'on puisse prévoir l'existence d'un boni lors de leur achèvement, on tiendra compte de cette augmentation probable du salaire ; si, au contraire, l'ouvrier-chef a établi ses salaires sur une base qui ne permet pas d'escompter un reliquat pour la fin de l'ouvrage, il n'y aura à prendre en considération que le salaire fixe.

En cas de marchandage, les ouvriers employés par le sous-traitant auront évidemment droit, après un accident, à une indemnité basée sur leur salaire ; mais le sous-traitant lui-même aura-t-il droit à une allocation journalière, s'il vient à être blessé. La question est délicate et demande une distinction. Si le sous-traitant est pleinement indépendant vis-à-vis de l'entrepreneur qui lui a confié l'exécution du travail, il est alors lui-même un patron et n'a droit à aucune indemnité (1). Si, au contraire, il reste sous la dépendance de l'entrepreneur, il n'est alors qu'un contremaître de celui-ci et aura le droit de lui réclamer une indemnité basée sur son salaire.

Dans la participation aux bénéfices, le gain de l'ouvrier se compose de deux parties, un salaire fixe et une part dans les bénéfices généraux de l'industrie. Devra-t-on tenir compte de ces deux éléments pour fixer le salaire servant de base à l'indemnité ? Cela dépendra du caractère de la participation aux bénéfices. Celle-ci peut en effet affecter deux formes différentes, appelées généralement *participation improprement dite* et *participation proprement dite*. Dans le premier cas, l'ouvrier n'a pas un droit véritable à une part dans les bénéfices, mais le patron, désireux d'augmenter l'activité des travailleurs

(1) Toutefois la jurisprudence, semble-t-il, tend à considérer le patron comme le plus souvent débiteur d'une indemnité envers le sous-traitant. Ainsi un arrêt de la Cour d'Amiens du 20 mars 1900 (D. 1900, 2, 268) déclare qu'un terrassier, travaillant à la tâche avec faculté de se faire aider par d'autres ouvriers de son choix, doit être considéré non comme un entrepreneur qui n'est pas protégé par la loi de 1898, mais, comme un ouvrier ou un contre-maître, du moment qu'il reçoit des ordres du patron pour se transporter d'une carrière à une autre et travaille sous la surveillance d'un préposé du patron avec un matériel dont la plus grande partie lui est fournie par le patron. Il doit en être ainsi même au cas où les visites du préposé n'auraient lieu que rarement.

qu'il emploie, leur donne des primes basées sur leur âge, sur leurs années de service, sur le nombre de pièces faites ou sur toute autre cause. Toutefois il n'y est nullement obligé par le contrat qui le lie à l'ouvrier. La prime accordée garde ici le caractère de gratification et on ne saurait la faire entrer dans le calcul du salaire de l'ouvrier.

Il en est autrement en cas de participation proprement dite. Ici le patron s'est engagé, en embauchant l'ouvrier, à lui verser une quote-part dans les bénéfices de l'industrie. C'est donc un complément de salaire sur lequel l'ouvrier a normalement le droit de compter. Il n'est pas pourtant un véritable associé du patron, car il participe aux gains et non aux pertes de l'industrie. On reconnaît généralement que le contrat de participation proprement dite donne à l'ouvrier le droit de vérifier les comptes du patron, pour savoir si on lui a remis les sommes qui lui sont dues. Il est évident qu'ici il faudra dans la fixation du salaire de base tenir compte de la part à laquelle le travailleur a droit dans les gains généraux ; pour en connaître le montant, le juge de paix n'aura qu'à se reporter aux résultats donnés par les règlements de comptes des années précédentes.

Le législateur, voulant assurer aux ouvriers la réparation partielle de tous les accidents dont ils sont victimes dans leur travail, devait être avant tout préoccupé d'empêcher le travailleur de tomber dans la misère, pendant le temps où une incapacité, même temporaire, le met dans l'impossibilité de subvenir à ses besoins.

Cette idée l'a conduit à édicter des mesures particulières pour deux situations : celle des ouvriers à salaire minime ou des apprentis et celle des ouvriers dont le gain annuel dépasse 2.400 francs. Dans le premier cas, il s'agissait d'assimiler au point de vue de l'indemnité les ouvriers sans rémunération à ceux qui en ont une ; dans l'autre, il semblait, au contraire, inutile de grever de charges trop lourdes les patrons en les obligeant à établir une proportion constante entre l'indemnité journalière et le salaire si élevé que fût celui-ci. Dans les deux cas le législateur obéissait à la même préoccupation : assurer à l'ouvrier sa subsistance en cas de maladie et rien de plus.

La situation des ouvriers à salaire réduit et des apprentis est réglée par l'article 8 ainsi conçu : « Le salaire qui servira de base à la fixation de l'indemnité allouée à l'ouvrier de moins de seize ans ou à l'apprenti victime d'un accident, ne sera pas inférieur au salaire le plus bas des ouvriers valides de la même catégorie occupés dans l'entreprise.

« Toutefois, dans le cas d'incapacité temporaire, l'indemnité de l'ouvrier âgé de moins de seize ans ne pourra pas dépasser le montant de son salaire ».

La disposition du premier paragraphe de cet article est applicable aussi bien aux pensions données à la suite d'une invalidité permanente qu'aux indemnités ayant leur cause dans une incapacité temporaire. Dans les deux cas il importait de ne pas laisser dans la misère les ouvriers victimes d'un sinistre pendant leur temps d'apprentissage : on prendra donc comme base de leur indemnité le salaire des ouvriers accomplissant la besogne à laquelle ils s'initient.

Toutefois cette base de détermination peut amener des enfants à toucher une indemnité basée sur un salaire quatre ou cinq fois plus fort que le leur. C'est ainsi que, suivant l'exemple cité au Sénat par M. Félix Martin en 1895, on voit au Creuzot des apprentis, appelés « aides-lamineurs », gagner 1 fr. 25 ou 1 fr. 50, tandis que les lamineurs, ouvriers de la même catégorie, gagnent 8 ou 10 francs. L'indemnité accordée à l'enfant, étant basée sur ce chiffre, arriverait à être beaucoup plus forte que le salaire qu'il avait comme apprenti. Ceci est juste lorsqu'il s'agit d'une invalidité permanente, car un enfant est appelé, une fois son apprentissage terminé, à devenir un ouvrier et à gagner le salaire de ce dernier. En cas d'incapacité définitive, il fallait donc lui tenir compte du salaire qu'il serait normalement appelé à avoir plus tard.

Il en est autrement dans le cas qui nous occupe, celui de l'incapacité temporaire. Ici, après un temps de repos, l'apprenti reprendra son ouvrage et son salaire : il aurait donc été bizarre de le voir toucher, pendant un temps de repos qui est une sorte de retraite momentanée, un traitement supérieur à celui qu'il aura à l'usine, lorsqu'il reprendra son ouvrage. C'eût été imposer à l'industriel une charge peu justifiée : aussi la disposition finale de l'article 8 nous paraît-elle très rationnelle.

A l'inverse de cette disposition qui donne un salaire fictif aux ouvriers dont la rémunération lui a paru trop faible, le législateur a réduit l'indemnité des ouvriers gagnant plus de 2.400 francs. Tel est l'objet du second paragraphe de l'article 2 : « Ceux (des ouvriers) dont le salaire annuel dépasse 2.400 francs, dit ce texte, ne bénéficient de ces dispositions que jusqu'à concurrence de cette somme. Pour le surplus, ils n'ont droit qu'au quart des rentes ou indemnités stipulées à l'article 3, à moins de conventions contraires quant au chiffre de la quotité ».

De cette façon, on calculera l'indemnité journalière sur le chiffre de 2.400 fr. comme traitement annuel, on divisera ensuite par 4 le surplus du salaire et sur la somme ainsi obtenue, on basera le montant du supplément d'indemnité ; celui-ci viendra s'ajouter à l'allocation déterminée sur le chiffre de 2.400 fr. Des dispositions analogues ont été prises par les législations étrangères. La loi allemande ne rend pas l'assurance obligatoire pour les ouvriers gagnant plus de 2.000 marks ; en outre, lorsque le salaire quotidien dépasse 4 marks, le surplus n'est compté que pour un tiers dans le calcul de l'indemnité.

En Autriche, lorsque le traitement annuel de l'ouvrier dépasse 1.200 florins, le surplus n'entre pas en compte dans le calcul de l'indemnité. En Italie, enfin, le maximum du gain annuel servant de base à l'indemnité est 2.000 francs.

Chez nous donc, la portion du traitement de l'ouvrier supérieure à 2.400 francs n'est prise en considération que pour un quart, « à moins toutefois de conventions contraires » dit la loi. Ces arrangements particuliers ne pourraient pas aller jusqu'à supprimer l'indemnité au-dessus de 2.400 francs puisque le législateur en établit le principe ; mais celle-ci pourra librement varier au gré des parties et être, selon leur volonté, supérieure ou inférieure au chiffre du quart fixé par la loi. En ce cas, il faut le remarquer, le privilège de l'art. 2101 ne couvrira l'indemnité que dans les limites de l'accord conclu entre les parties, conformément à la loi.

Une autre situation spéciale peut se présenter dans le cas où un arrangement amiable est intervenu entre le patron et l'ouvrier. Cet accord devra reposer sur des bases au moins aussi favorables à l'ouvrier que les dispositions de la loi : c'est ainsi que les parties pourraient convenir que, durant l'incapacité temporaire, l'ouvrier aura une indemnité égale à son salaire ou égale aux trois quarts de ce dernier. Mais la majoration du taux établi par la loi, qui serait ainsi faite par les intéressés, jouirait-elle du bénéfice du privilège de l'art. 2101 ? Nous ne le pensons pas. En effet les dispositions protectrices de la loi ne sont faites que pour le taux des allocations qu'elle indique. Elle déclare du reste dans l'article 21 à propos des pensions viagères, que tout accord des parties dans d'autres termes que ceux qu'elle indique, ne durera qu'autant que subsistera l'entente des intéressés. Il en sera de même des indemnités temporaires. Si une contestation se produit sur le chiffre de l'allocation journalière, le juge de paix sera appelé à la trancher. Ce magistrat commencera par réduire l'indemnité au taux fixé par la loi, et c'est dans ces limites seulement qu'elle jouira des garanties établies par l'article 23.

La loi ne fixe pas l'époque du payement de l'indemnité temporaire ; elle sera donc servie en même temps que le salaire ordinaire des ouvriers, c'est-à-dire par huitaine, par quinzaine ou par mois, suivant les établissements. C'est ce que spécifie le juge de paix du XIe arrondissement de Paris, dans une solution accessoire à son jugement précité, du 6 décembre 1899 :

« Attendu, dit-il, que si la loi ne fixe ni le mode ni l'époque du paiement de l'indemnité temporaire, il semble juste, ainsi que la Chambre l'avait d'ailleurs décidé dans son projet du 10 juin 1893, d'admettre qu'elle pourra être régulièrement acquittée aux époques usitées pour le paiement des salaires dans l'industrie à laquelle appartient la victime... »

Le silence de la loi sur ce point laisse toutefois les mains libres au juge de paix ; celui-ci pourrait donc parfaitement ordonner le payement de l'indemnité, au jour le jour ou même à l'avance, s'il en était besoin.

DEUXIÈME PARTIE

Base du nouveau privilège : Sur quels biens porte-t-il ?

Les créances dont nous venons d'étudier la nature, frais médicaux et pharmaceutiques, frais funéraires et indemnités temporaires sont, aux termes de l'article 23 de la loi du 9 avril 1898, garanties par le privilège de l'article 2101 du Code civil ; elles y sont inscrites sous le n° 6. Leur recouvrement est ainsi assuré par un privilège général sur les meubles du débiteur, c'est-à-dire qu'il s'opérera sur les meubles du chef d'industrie et au besoin sur ses immeubles dans les conditions prévues par l'article 2104.

I

EXERCICE DU PRIVILÈGE SUR LES MEUBLES DU PATRON

L'étude de cette question soulève deux difficultés : Que faut-il comprendre sous cette dénomination de « meubles », et d'autre part quel est exactement le rang de ce nouveau privilège lorsqu'il s'exerce sur les biens du patron.

En ce qui concerne le sens du mot « meuble », l'article 2101 du Code civil l'entend de la façon la plus large : « Les créances privilégiées sur *la généralité des meubles*, dit-il, sont celles ci-après exprimées... » Aussi la plupart des auteurs sont-ils d'accord pour écarter ici l'application de l'article 533 du Code civil, ainsi conçu : « Le mot *meuble* employé dans les dispositions de la loi ou de l'homme, sans autre addition ni désignation, ne comprend pas l'argent comptant, les pierreries, les dettes actives, les livres, les médailles, les instruments des sciences, des arts et métiers, le linge de corps, les chevaux, équipages, armes, grains, vins, foins et autres denrées ; il ne comprend pas aussi ce qui fait l'objet d'un commerce ».

Ces différents objets rentreront ici dans la classe des meubles sur lesquels les ouvriers, créanciers du chef d'industrie en raison d'un accident, pourront exercer leur privilège : la dernière classe d'entre eux, « ce qui fait l'objet d'un commerce », pourra d'ailleurs avoir une grande importance, car elle comprendra toutes les marchandises manufacturées dans les ateliers du patron jusqu'au jour de leur vente.

C'est donc à la définition du mot *meuble*, donnée dans les articles 527 et suivants, qu'il faudra ici se conformer et tout ce qui est meuble, soit par nature, soit par détermination de la loi, aux termes des articles 528 et 529, formera le gage des ouvriers (1). Ainsi le privilège s'exercera non seulement sur les meubles corporels, mais aussi sur les meubles incorporels, c'est-à-dire sur « les obligations et actions qui ont pour objet des sommes exigibles ou des effets mobiliers, les actions ou intérêts dans les compagnies de finance, de commerce ou d'industrie, encore que des immeubles dépendant de ces entreprises appartiennent aux compagnies », suivant les expressions de l'article 529. Il aura le même effet sur les rentes perpétuelles ou viagères, et même sur les rentes foncières, car les rédacteurs du Code civil, en plaçant dans le chapitre relatif aux *meubles* l'article 530 qui les concerne, ont fait des rentes foncières un objet mobilier (2).

Il y a néanmoins certaines catégories de meubles qui ne sont point frappées par le privilège de l'article 2101.

Ce sont d'abord les immeubles par destination ; toutefois il est inutile d'en parler ici, car la nature mobilière de ces objets disparaît aux yeux du législateur. La seule limitation véritable à l'exercice des privilèges de l'article 2101 vient de ce qu'ils ne peuvent frapper que les meubles étant aux termes des articles 2092 et 2093 le gage des créanciers. Or, à cette classe de biens échappent tous les objets mobiliers que le Code ou des lois spéciales ont déclaré insaisissables. Sur eux, les créanciers,

(1) Aubry et Rau, *Cours de Droit civil*, tome III, paragraphe 260, note 1.

(2) Baudry-Lacantinerie et de Loynes, *Privilèges et hypothèques*, tome I, p. 256 ; Pont, I, n° 59 ; Cassation, 22 juillet 1854, D. 54, 1, 303.

qu'ils soient privilégiés ou chirographaires, n'ont aucun droit.

C'est ainsi que, aux termes des articles 581 et 582 du Code de procédure civile, les provisions alimentaires adjugées par la justice et les pensions alimentaires sont soustraites à la saisie des créanciers.

L'article 592 du même Code réserve au débiteur saisi les vêtements qu'il porte, les livres ou objets nécessaires à l'exercice de sa profession jusqu'à concurrence de trois cents francs, les équipements militaires, les outils d'artisan, les denrées nécessaires à la nourriture du saisi pendant un mois, enfin un nombre de têtes de bétail déterminé.

Les traitements des fonctionnaires civils, d'après la loi du 21 ventôse an IX, ne sont également saisissables que pour partie : jusqu'à concurrence d'un cinquième pour les premiers 1.000 francs, d'un quart pour les 5.000 francs suivants et enfin d'un tiers sur la portion excédant 5.000 francs, quelle que soit l'importance de celle-ci. L'arrêté consulaire du 18 ventôse an XI, déclare pareillement les appointements des ministres du culte insaisissables pour leur totalité.

En ce qui concerne les militaires des armées de terre et de mer, aux termes de la loi du 19 pluviôse an III, leur traitement n'est saisissable que jusqu'à concurrence d'un cinquième, quel qu'en soit le montant. Leurs pensions de retraites sont en principe insaisissables pour la totalité ; il n'est fait exception à cette règle qu'en faveur de l'Etat ou des créances alimentaires (art. 28 de la loi du 11 avril 1831 et art. 30 de la loi du 18 avril 1831). Autre est la situation des pensions civiles : elles sont saisissables jusqu'à concurrence du cinquième par les créanciers de l'article 2101 du Code civil (art. 26 de la loi du 9-13 juin 1853).

Enfin, la loi du 12 janvier 1895 a déclaré que le salaire des ouvriers et des gens de service, quel qu'en soit le chiffre, ne serait saisissable que jusqu'à concurrence d'un dixième ; les traitements des fonctionnaires, employés et commis bénéficient de cette disposition, lorsqu'ils ne dépassent pas 2.000 francs.

Ces diverses règles diminuent le gage des créanciers de toute espèce, qu'ils soient ou non munis d'un privilège. Il faut toutefois observer que, pour les ouvriers victimes d'accidents, elles les atteignent peu, car le plus souvent les chefs d'industrie ne feront pas partie des catégories de fonctionnaires dont l'Etat protège les traitements ou pensions ; d'autre part, le patron aura ordinairement, comme matières premières et comme marchandises, un mobilier considérable dans ses usines.

Une autre question pourra présenter pour les travailleurs, créanciers du chef d'entreprise, une grande importance : c'est celle de savoir si leur privilège s'étend aux rentes sur l'Etat possédées par le patron ou, en d'autres termes, si les rentes sur l'Etat sont ou ne sont pas saisissables (1).

(1) Sachet, *op. cit.*, p. 649.

Il faut pour résoudre ce problème, dont la solution divise les auteurs et la jurisprudence, se reporter à la période révolutionnaire. La loi des 24 août-13 septembre 1793 autorisait l'opposition faite par les créanciers entre les mains du Trésor, afin d'empêcher l'aliénation de la rente ou le paiement de ses arrérages. Or, dans la crise financière que traversa la France à cette époque, ces oppositions furent très nombreuses et, empêchant la circulation des titres de rente, elles portèrent une profonde atteinte au crédit public. La loi du 9 vendémiaire an VI vint aggraver cette situation en proclamant la banqueroute partielle de l'Etat : on songea alors à ramener la confiance chez les rentiers en leur assurant l'insaisissabilité de leurs rentes et des arrérages de celles-ci. C'est ce que firent les deux lois du 8 nivôse an VI et du 22 floréal an VII. La première disait dans son article 4 : « Il ne sera plus reçu à l'avenir d'oppositions sur le tiers consolidé de la dette inscrite ou à inscrire ». La seconde établissait dans son article 7 une règle analogue pour les arrérages : « Il ne sera plus reçu à l'avenir, disait cette disposition, d'opposition au paiement des arrérages dus pour rentes perpétuelles ou viagères ou pour pensions, à l'exception de celle qui serait formée par le propriétaire de l'inscription ou du brevet de pension ».

Depuis lors aucun document législatif n'est venu donner à ces textes une interprétation officielle. Les lois de 1878, 1883 et 1894, qui traitent de la question, se sont bornées à déclarer les rentes insaisissables en se référant aux lois de l'an VI et de l'an VII. La question divise les auteurs et la jurisprudence.

Toutefois cette dernière, après avoir longtemps proclamé l'insaisissabilité absolue des rentes, semble aujourd'hui revenir sur cette opinion, en raison des conséquences exorbitantes qu'elle entraîne. Si l'on admet le principe dans toute sa rigueur, il suffirait en effet à un débiteur de placer toute sa fortune en rentes sur l'Etat pour pouvoir complètement frustrer ses créanciers.

Un même revirement se produit parmi les auteurs : ils tendent de plus en plus à admettre que les lois révolutionnaires n'ont pas voulu faire des rentes sur l'Etat une classe de biens à part, soustraits aux principes des articles 2092 et 2093, mais qu'elles ont seulement eu pour but de débarrasser la comptabilité nationale de difficultés incessantes en prohibant toute opposition au transfert faite entre les mains de l'Etat. La seule chose interdite par ces lois serait donc la saisie-arrêt pratiquée entre les mains du Trésor pour l'empêcher de vendre tel ou tel titre de rente ou d'en payer les arrérages, mais cette procédure deviendrait absolument licite si elle était employée vis-à-vis d'un particulier ayant les titres en sa possession. On pourrait d'après cette théorie parfaitement contraindre un débiteur à vendre ses rentes sur l'Etat, car, s'il s'y refuse, une décision de justice autorisera cette aliénation (1).

(1) Voir Baudry-Lacantinerie et de Loynes, *Privilèges et hypothèques*, I, p. 216 et ss.

Dans le même sens, Boivin, *Des rentes sur l'Etat*, p. 112.

La question étant ainsi posée, nous allons voir d'après la jurisprudence actuelle quels sont les cas dans lesquels les ouvriers pourront, pour faire agir leur privilège, saisir les rentes sur l'État appartenant au patron et quels sont ceux dans lesquels cette faculté leur sera refusée. Nous envisagerons pour cela trois hypothèses différentes.

1° Dans la marche ordinaire de l'industrie, en dehors du cas de mort ou de faillite du patron, le principe de l'insaisissabilité des rentes reste absolu (1).

Si donc nous supposons qu'un industriel refuse de payer à un de ses ouvriers l'indemnité temporaire qu'il lui doit à la suite d'un accident, l'ouvrier ne pourra faire saisir et vendre les rentes appartenant à son patron. Le travailleur du reste n'y perdra rien, car son privilège pourra utilement s'exercer sur les autres biens du patron. Il est superflu de faire remarquer que ce cas ne se présentera pas dans la pratique, car un patron, dont l'industrie est prospère, payera toujours directement à l'ouvrier l'indemnité qui lui a été imposée par le tribunal, plutôt que d'encourir l'exécution forcée du jugement sur ses biens.

2° Lorsque les rentes dépendent d'une succession, la jurisprudence n'applique plus dans toute sa rigueur le principe de l'insaisissabilité des rentes. Il faut distinguer ici deux situations.

(1) En ce sens, Paris, 14 avril 1849, D. 49, 2, 190. — Paris, 19 décembre 1889, D. 91, 2, 19.

a) Supposons d'abord que le propriétaire de la rente venant à mourir, les créanciers de ce dernier veuillent saisir-arrêter la rente qui lui appartenait. Le principe de l'insaisissabilité conserve alors son entière application : la rente n'était pas le gage des créanciers du vivant du *de cujus*, elle ne l'est pas davantage après la mort de celui-ci. L'ouvrier, à qui le patron décédé devait une indemnité à la suite d'un accident, ne pourra donc pas, pour exercer son privilège, faire saisir-arrêter la rente et l'empêcher de passer à l'héritier, même si la séparation des patrimoines a été prononcée (1).

b) Mais au contraire, et c'est ici que la jurisprudence abandonne le principe de l'insaisissabilité, si c'est le débiteur qui vient à hériter d'une rente sur l'Etat, ses créanciers sont fondés à demander que la rente en question leur soit attribuée, à la condition que cette attribution ne nécessite aucune saisie-arrêt pratiquée entre les mains des agents du Trésor. Ce sera le cas lorsqu'il s'agit d'un héritier saisi de plein droit des biens du défunt, comme par exemple, un légataire universel si le testateur n'a pas laissé d'héritiers réservataires (2). Un autre arrêt de la Chambre des requêtes de la Cour de cassation du 16 juillet 1894 (2) est venu confirmer cette manière de voir en déclarant formellement que les lois de l'an VI et de l'an VII n'ont interdit que les saisies-arrêts entre les mains des agents du Trésor et que, sous cette réserve,

(1) Paris, 2 mai 1878, D. 80. 1. 69.
(2) Cour de Cassation, 2 juillet 1894 et 16 juillet 1894, D. 1, 497.

elles ne font pas obstacle à l'application des principes généraux de notre législation. Elles ne sauraient en particulier empêcher l'exercice des droits reconnus aux créanciers par les articles 2092 et 2093.

Il en résulte que les ouvriers, créanciers vis-à-vis de leur patron d'une indemnité temporaire, pourront parfaitement se faire attribuer la rente sur l'Etat qui échoit au chef d'industrie dans une succession, pourvu que celui-ci soit au nombre des héritiers investis par la loi de la saisine héréditaire.

3° Enfin, dans le cas qui intéresse le plus vivement les ouvriers, celui de la faillite du patron, la jurisprudence s'est aussi départie du principe de l'insaisissabilité des rentes sur l'Etat.

Elle admet que le syndic de faillite peut aliéner les rentes qui appartiennent au patron. Il en résultera que les ouvriers, créanciers de leurs indemnités, pourront être remplis de leurs droits sur les sommes provenant des rentes qui appartenaient au failli et qui auront été vendues par le syndic. La jurisprudence est aujourd'hui fixée en ce sens (1).

A vrai dire, cette manière de voir est difficile à justifier théoriquement ; elle considère le syndic comme mandataire du failli, alors qu'il n'est mandataire que des créanciers de celui-ci. Il ne saurait par conséquent avoir

(1) Cour de cassation, 8 mai 1854, 54, 1, 146. — Cour de Paris, 18 janvier 1886. D. 86, 2, 233. — Cour d'Amiens, 16 janvier 1894, D. 94, 2, 208.

sur les biens du failli un droit plus grand que les créanciers qu'il représente ; or ceux-ci, nous le savons, ne peuvent pas saisir les rentes du failli (1). La jurisprudence nouvelle fait donc échec aux principes ; elle peut cependant se justifier. Avec le développement des transactions commerciales et les principes introduits sur la faillite par la loi de 1838, il était impossible de laisser subsister les conséquences exorbitantes des lois de l'an VI et de l'an VII. Il faut ajouter que les créanciers avaient sous le régime du Code un moyen énergique d'obliger leur débiteur à aliéner les rentes sur l'Etat qu'il possédait, c'était la contrainte par corps : la loi du 22 juillet 1867 leur a ôté ce procédé de coercition.

En fait donc, d'après la jurisprudence actuelle, le syndic de faillite peut ordonner la vente des rentes sur l'Etat appartenant au failli et les sommes provenant de cette aliénation serviront ensuite à payer aux ouvriers les indemnités qui leur sont dues par le patron aux termes de l'article 23 de la loi de 1898.

Les meubles qui sont affectés par la loi sur les accidents à la sûreté des créances des travailleurs blessés étant ainsi déterminés, il reste à indiquer quel sera le rang du privilège qui garantit le remboursement de ces créances ou, en d'autres termes, quelles seront, parmi les créances privilégiées, celles qui seront colloquées sur

(1) Lyon-Caen et Renault, *Précis de Droit commercial*, II, p. 661 et ss.

les meubles de l'industriel avant l'indemnité due aux ouvriers victimes d'une incapacité temporaire.

La nouvelle loi dit, dans son article 23, que les créances relatives aux frais médicaux, pharmaceutiques et funéraires, ainsi qu'aux indemnités allouées à la suite de l'incapacité temporaire de travail, sont garanties par le privilège énoncé en l'article 2101, dont elles forment le sixième paragraphe.

Avant ces indemnités viennent, d'après l'ordre établi par cet article :

1° Les frais de justice ;

2° Les frais funéraires ;

3° Les frais de dernière maladie ;

4° Les salaires des gens de service, pour l'année échue et pour ce qui est dû sur l'année courante ;

5° Les fournitures de subsistances faites au débiteur, pour les six derniers mois, s'il s'agit de marchands de détail et pour la dernière année, s'il s'agit de maîtres de pension ou de marchands en gros.

L'article 2101 réglant l'ordre de préférence de ces différents privilèges en même temps qu'il les énumère, les ouvriers victimes d'accidents seront primés par ces cinq espèces de créanciers. A ces divers privilèges, il faut en ajouter un certain nombre d'autres créés par des lois spéciales, soit au profit des particuliers, soit en faveur du Trésor et intercalés dans l'article 2101 par les dispositions législatives les établissant (1). C'est ainsi

(1) Voir Baudry-Lacantinerie et de Loynes, *op. cit.*, p. 556 et ss.

que l'article 14 de la loi du 23 décembre 1874 relative à la protection des enfants en bas âge a institué le privilège des mois de nourrice, qui a pris rang entre les n° 3 et 4 de l'article 2101.

D'autre part, l'article 549 du Code de commerce avait établi sur les meubles du patron mis en faillite un privilege en faveur des ouvriers et commis pour le payement de leurs salaires. Successivement modifié par les lois du 28 mai 1838, du 2 mars 1889 et du 6 février 1895, cet article est aujourd'hui ainsi conçu :

« Le salaire acquis aux ouvriers directement employés par le débiteur pendant les trois mois qui ont précédé l'ouverture de la liquidation judiciaire ou de la faillite, est admis au nombre des créances privilégiées, au même rang que le privilège établi par l'art. 2101 du Code civil pour le salaire des gens de service. — Le même privilège est accordé aux commis attachés à une ou plusieurs maisons de commerce, sédentaires ou voyageurs, savoir : s'il s'agit d'appointements fixes pour les salaires qui leur sont dus durant les six mois antérieurs à la déclaration de la liquidation judiciaire ou de la faillite. Et s'il s'agit de remises proportionnelles allouées à titre d'appointements ou de suppléments d'appointements, pour toutes les commissions qui leur sont définitivement acquises dans les trois derniers mois précédant le jugement déclaratif, alors même que la cause de ces créances remonterait à une date antérieure ».

Enfin la loi du 27 décembre 1895, dans son article 6

assure aux ouvriers et employés, qui ont fait des versements entre les mains du patron pour participer aux avantages d'une caisse de retraite ou d'autres institutions de prévoyance, un privilège général sur les biens du chef d'industrie mis en faillite pour recouvrer les sommes que le patron aurait gardées au lieu de les verser à ces institutions de prévoyance. Les sommes remises au patron par l'ouvrier dans l'année échue ou dans l'année courante sont seules garanties par ce privilège, qui a le même rang que celui des gens de service.

A ces dispositions législatives augmentant en faveur des particuliers, la portée de l'art. 2101, il faut ajouter deux privilèges créés en faveur du Trésor : l'un pour la Régie des contributions directes, l'autre pour la Régie des contributions indirectes. De cette façon, si l'on veut établir l'ordre complet des créances munies d'un privilège général sur les meubles, on aura le tableau suivant :

1° Frais de justice ;

2° Créances de la Régie des contributions directes pour le recouvrement des impôts autres que la contribution foncière ; (loi du 12 nov. 1808, art. 1), droits et amendes de timbre (loi du 28 avril 1816, art. 76), (1).

(1) Nous nous rangeons ici à l'avis de MM. Baudry-Lacantinerie et de Loynes, *Privilèges et Hypothèques*, I, p. 521. Ces auteurs considèrent, avec MM. Aubry et Rau, que le privilège des frais de justice constitue un véritable prélèvement fait sur les biens du débiteur avant toute distribution et doit de ce chef passer le premier. Il prime

3° Créances de la Régie des contributions indirectes (loi du 1er germinal an XIII);

4° Frais funéraires ;

5° Frais de dernière maladie ;

6° Mois de nourrice ;

7° Salaires des gens de service, des ouvriers, commis et employés, soit pour leurs gages, soit pour les fonds versés à des institutions de prévoyance, le tout dans les limites sus-indiquées ;

8° Fournitures de subsistances ;

9° Créances des ouvriers victimes d'accidents pour les frais médicaux, pharmaceutiques et funéraires, ainsi que pour les indemnités résultant d'incapacité temporaire ;

10° Créance de la Régie des douanes, débets des comptables, frais de justice criminelle.

Ainsi qu'on le voit, les indemnités dues aux ouvriers, bien qu'inscrites dans l'art. 2101 avec le n° 6, ne viennent en réalité qu'en neuvième lieu parmi les créances garanties par un privilège général sur les meubles.

donc même le privilège des créances de la Régie des contributions directes et des droits ou amendes en matière de timbre, malgré les termes absolus des lois qui, en établissant ces privilèges en faveur du Trésor, leur ont donné la préférence sur tous autres. Le Trésor, comme tout créancier, n'intervient que lors de la distribution de la masse des biens du débiteur ; les frais de justice, au contraire, sont destinés à former cette masse partageable et doivent par conséquent venir en première ligne.

En sens contraire, Beudant, *Les Sûretés réelles*, I, p. 445.

Ce rang n'est du reste assuré aux reprises des ouvriers que parmi les créances munies de privilèges *généraux* sur les meubles, mais ceux-ci pourront venir en conflit avec les privilèges *spéciaux* sur les meubles et, dans l'ordre général de collocation, le privilège des ouvriers pourra encore de ce fait être reporté à un degré beaucoup plus reculé.

Nous n'avons pas à entrer ici dans la discussion que soulève le classement des privilèges généraux et des privilèges spéciaux sur les meubles. Il nous suffira de rappeler que certains auteurs ont voulu donner d'une façon absolue la préférence aux privilèges généraux sur les spéciaux, tandis que d'autres voulaient, au contraire, assurer la prédominance aux privilèges spéciaux sur les généraux, sauf en ce qui concerne les frais de justice.

Ces deux systèmes absolus conduisent à des conséquences inadmissibles ; une opinion moins intransigeante et beaucoup plus rationnelle déclare qu'on ne peut comparer ces privilèges de classe à classe, et qu'il faut les prendre individuellement, les mettre en balance l'un avec l'autre et se décider ainsi, d'après le degré de faveur que mérite chacun d'eux. Cette théorie, qui est consacrée par la Cour de cassation (1), ne fait que suivre les prescriptions de l'article 2096, aux termes duquel : « entre

(1) Cassation, 15 mars 1875, D. 75, 1, 273 ; 18 juin 1889, D. 89, 1, 399. Aubry et Rau, *op. cit.*, III, parag. 289 ; Demante, *op. cit.*, IX, n° 49 ; Baudry-Lacantinerie et de Loynes, *op. cit.*, p. 567 et ss.

les créanciers privilégiés la préférence se règle par les différentes qualités des privilèges. »

On recherche la cause sur laquelle sont fondés les divers privilèges mobiliers et c'est sur elle qu'on se base pour déterminer l'ordre dans lequel ils doivent être placés. Or, d'après MM. Aubry et Rau, ces privilèges dérivent tous d'une des cinq sources suivantes :

1° Constatation, conservation, réalisation de la masse commune des biens du débiteur et distribution du prix en provenant ;

2° Droit retenu ou acquis par celui qui a aliéné une chose à titre onéreux, tant qu'il n'en a pas reçu le payement ;

3° Conservation d'une chose particulière ;

4° Détention de la chose de bonne foi, par suite d'un nantissement exprès ou tacite ;

5° Raisons d'ordre public ou d'humanité.

Rangeant les privilèges généraux et spéciaux sur les meubles, d'après ces données et indépendamment des modifications que les circonstances particulières peuvent amener dans cet ordre, MM. Baudry-Lacantinerie et de Loynes (1) arrivent à établir la classification qui suit :

1° Privilège des frais de justice ;

2° Privilèges fondés sur une idée de nantissement exprès ou tacite ;

3° Privilège des frais faits pour la conservation de la chose ;

(1) *Op. cit.*, p. 579.

4° Privilèges généraux autres que le privilège des frais de justice;

5° Privilège du vendeur.

Comme on le voit, le privilège des ouvriers victimes d'un accident ayant entraîné une incapacité temporaire de travail sera primé non seulement par les huit privilèges généraux dont nous avons établi le classement plus haut (1), mais encore par les divers privilèges spéciaux ayant leur base dans une idée de gage et par ceux qui garantissent des frais faits pour la conservation de la chose.

La place exacte de la créance privilégiée qui nous occupe ainsi déterminée, il convient d'ajouter que, dans la pratique, on ne trouvera jamais réunies toutes les espèces de créances qui lui sont préférables. Notre privilège pourra, par conséquent, venir en rang utile sur les meubles du débiteur bien plus facilement qu'on ne saurait le penser, à ne considérer que son rang reculé dans la classification générale des privilèges mobiliers.

II

EXERCICE DU PRIVILÈGE SUR LES IMMEUBLES APPARTENANT AU CHEF D'INDUSTRIE

Le privilège des ouvriers atteints d'une incapacité temporaire de travail a, comme les autres privilèges généraux

(1) *Suprà* p. 100.

sur les meubles, l'avantage de passer sur les immeubles du débiteur. C'est ce qu'exprime l'art. 2104 dans les termes suivants :

« Les privilèges qui s'étendent sur les meubles et les immeubles sont ceux énoncés en l'article 2101. »

Toutefois, il existe à cette règle une exception : les frais de justice faits pour la vente des meubles du débiteur ne sont pas privilégiés sur ses immeubles (1). Ces frais, en effet, ne jouissent d'une telle faveur que sur les biens à la vente desquels ils ont contribué.

Tous les autres privilèges généraux peuvent s'exercer sur l'actif immobilier du débiteur. Les créances qui ont été assimilées par des lois spéciales à celles de l'art. 2101 bénéficient également des dispositions de l'art. 2104. C'est ainsi que les appointements des ouvriers, commis et employés, prenant rang avec les salaires des gens de service, pourront, le cas échéant, être privilégiés sur les immeubles du débiteur.

Ce droit pour les privilèges généraux sur les meubles de passer sur les immeubles du débiteur est soumis par la plupart des auteurs à une importante restriction : il ne s'exerce *qu'à défaut de mobilier*.

« Toutefois, le privilège dont elles jouissent, disent MM. Aubry et Rau en parlant des créances privilégiées sur les meubles, n'affecte les immeubles que subsidiaire-

(1) Baudry-Lacantinerie et de Loynes, *op. cit.*, p. 488.

ment et au cas seulement où la fortune mobilière du débiteur est insuffisante pour les acquitter » (1).

Ce caractère purement subsidiaire et exceptionnel de la collocation sur les immeubles des privilèges généraux sur les meubles apparaît très nettement si l'on a soin de rapprocher de l'art. 2104 l'art. 2105 qui le complète et l'explique : « Lorsqu'*à défaut de mobilier*, dit cet article, les privilégiés énoncés en l'article précédent se présentent pour être payés sur le prix d'un immeuble, en concurrence avec les créanciers privilégiés sur l'immeuble, les payements se font dans l'ordre qui suit : 1° les frais de justice et autres énoncés en l'article 2101 ; 2° les créances désignées en l'article 2103 ».

Les privilégiés de l'article 2101 ne peuvent donc être colloqués sur les immeubles qu'à titre subsidiaire. Ils doivent d'abord se faire payer sur le mobilier. Si par négligence l'un d'eux ne l'a pas fait, il se trouve au moment de la vente de l'actif immobilier déchu de tout droit, soit vis-à-vis des créanciers privilégiés sur les immeubles, soit vis-à-vis des créanciers hypothécaires, et ce n'est qu'aux créanciers chirographaires qu'il pourra opposer son titre.

Envers les créanciers privilégiés sur les immeubles,

(1) *Op. cit.*, III, p. 165, parag. 262. Tel n'est pas l'avis de M. Colmet de Santerre (*Cours analytique de Droit civil* par Demante, continué par Colmet de Santerre, IX, p. 102, n° 61 *bis*). Pour lui, les créanciers munis d'un privilège général sur les meubles peuvent à leur choix, se faire colloquer sur les meubles ou les immeubles du débiteur.

l'application de ce principe ne souffre aucune difficulté, car l'art. 2104 est formel à cet égard. Cette disposition, en effet, ne donne aux créanciers de l'art. 2101 la préférence sur ceux de l'art. 2103 que dans le cas où il y a insuffisance du mobilier.

La même déchéance doit exister, disons-nous, pour les créanciers de l'art. 2101 vis-à-vis des créanciers hypothécaires (1). En effet, si l'on admet que le droit pour les privilégiés de l'art. 2101 de se faire payer sur les immeubles est purement subsidiaire et exceptionnel, il devient naturel d'en restreindre autant que possible l'application : *exceptio est strictissimæ interpretationis*. Or, tel est précisément le cas : la loi, en permettant à des créanciers nantis d'un privilège général sur les meubles de se faire payer sur les immeubles avant les personnes qui ont affecté ces immeubles à la garantie spéciale de leurs créances, a donné aux premiers un droit exorbitant, que seule peut expliquer la faveur extrême avec laquelle le législateur traite les petits créanciers.

Mais du moment que c'est par leur propre négligence que ces derniers n'ont pu être payés sur le mobilier, ils se sont montrés indignes de la faveur de la loi et n'ont à s'en prendre qu'à eux s'ils ne peuvent recouvrer ce qui leur est dû. Ils ne doivent donc plus porter préjudice aux créanciers hypothécaires et sont déchus de tout droit vis-à-vis d'eux.

(1) En sens contraire : Colmet de Santerre, *op. cit.*, IX, p. 102 et ss.

C'est donc seulement aux créanciers chirographaires que les privilégiés de l'art. 2101, qui n'ont pas produit leurs titres lors de la vente du mobilier, pourront, au moment de la discussion des immeubles, opposer leur privilège. Ces créanciers chirographaires ne sauraient se plaindre d'un semblable traitement : en effet, ils n'ont stipulé pour leurs créances aucune sûreté spéciale ; ils ont suivi la foi de leur débiteur et ne possèdent d'autres droits sur ses biens que ceux qui leur sont conférés par les articles 2092 et 2093. Ils doivent donc subir l'exercice de tous les privilèges établis par la loi et en particulier de ceux de l'art. 2104.

Ils n'ont du reste aucun intérêt à s'opposer à la mise en œuvre de ces privilèges. En effet, une fois les immeubles vendus, leur prix viendra accroître la masse mobilière formée par la fortune du débiteur et sur cet avoir mobilier les créanciers de l'art. 2101 prélèveront avant tous autres ce qui leur est dû.

En résumé donc, les privilèges généraux sur les meubles dont les bénéficiaires n'ont pas usé lors de la vente du mobilier, ne peuvent, au moment de la discussion des immeubles, être opposés ni aux créanciers privilégiés sur les immeubles, ni aux créanciers hypothécaires, mais seulement aux créanciers chirographaires.

Il pourra arriver dans la pratique que la vente des immeubles précède celle des meubles. En ce cas, les créanciers de l'art. 2101, et en particulier les ouvriers frappés d'une incapacité temporaire de travail, auront le droit de demander à être payés sur le prix des immeubles. On leur accordera alors sur celui-ci une collocation conditionnelle, subordonnée qu'elle sera au résultat de la vente des meubles qui se fera ultérieurement. Supposons, par exemple, un ouvrier auquel il est dû, comme frais médicaux et demi-salaire pendant la durée de son incapacité, une somme de 500 francs. On vend d'abord les immeubles de son patron mis en faillite. Le blessé sera provisoirement colloqué sur le prix des immeubles pour les 500 francs qui lui sont dus. On réalise ensuite le mobilier : si le prix de vente est suffisant pour indemniser l'ouvrier, la collocation de celui-ci sur le prix des immeubles sera annulée. Si, au contraire, la victime de l'accident n'obtient que 200 fr. lors de la vente des meubles, sa collocation sur le prix des immeubles sera valable pour le surplus, soit pour 300 francs. Enfin, si le prix de vente du mobilier est complètement absorbé soit par les frais de justice, soit par toute autre créance privilégiée préférable à celle de l'art. 23 de la loi du 9 avril 1898, la collocation provisoire sur le prix des immeubles deviendra définitive pour le tout et la créance de l'ouvrier sera entièrement acquittée sur l'actif immobilier du débiteur.

Afin d'éviter ces complications, on impartit ordinairement un délai aux créanciers munis d'un privilège général sur les meubles, pour qu'ils provoquent la discussion du mobilier. Mais les créanciers ayant privilège ou hypothèque sur certains immeubles, qui requièrent cette discussion préalable du mobilier, sont obligés de faire l'avance des frais qu'elle nécessite. C'est ce qu'on peut décider par analogie avec deux autres cas, ceux des articles 2023 et 2170, où la loi impose cette obligation, soit à la caution, soit au tiers détenteur. On en tire cette règle, dont nous faisons ici l'application, que tous ceux qui opposent une exception de discussion sont tenus d'avancer les frais de la discussion préalable qu'ils réclament.

Aux termes de l'art. 2107, les privilèges généraux sur les meubles n'ont pas besoin d'être rendus publics par une inscription sur les registres du conservateur des hypothèques. « Sont exceptées de la formalité de l'in- « scription, dit cet article, les créances énoncées en l'ar- « ticle 2101. » Tant que les privilèges garantissant ces créances portent sur les meubles, ce n'est là qu'une application du droit commun ; mais du moment qu'ils s'exercent sur les immeubles, la disposition de l'art. 2107 devient une dérogation à ce même droit commun, car, aux termes de l'art. 2166, la conservation des privilèges immobiliers nécessite une inscription. C'est là une nouvelle faveur que la loi fait à ces petites créances, à cause du grand intérêt qu'elle leur porte. Du reste, appelés à s'exercer tantôt sur les meubles, tantôt sur les immeubles, les privilèges de l'art. 2101 devaient pourtant être soumis à un régime unique pour leur conservation : le législateur, considérant qu'ils gréveraient le plus souvent les meubles du débiteur, les a dispensés de toute formalité d'inscription.

Il faut ajouter qu'il y aurait eu de grands inconvénients à exiger pour les créances énoncées en notre article un mode quelconque de publicité. Toujours modiques, elles sont souvent destinées à varier du jour au lendemain : tel est le cas, par exemple, pour les salaires des gens de service. Une inscription chez le conservateur des hypothèques aurait nécessité une évaluation, qui, forcément incertaine, eût risqué de compromettre les droits du créancier, si elle avait été inférieure au montant de la créance. D'autre part, les frais de l'inscription auraient souvent dépassé le montant de la somme à recouvrer. Enfin il ne faut pas oublier que l'exercice de notre privilège sur les immeubles n'a qu'un caractère subsidiaire: on aurait donc obligé les petits créanciers de l'art. 2101 à faire des frais pour conserver sur les immeubles de leur débiteur un droit dont ils n'auront probablement pas à se servir, la vente du mobilier suffisant le plus souvent à éteindre leurs créances (1).

Toutefois cette dispense d'inscription pour les privilégiés de l'art. 2101 n'existe qu'en ce qui concerne leur droit de préférence sur les immeubles du débiteur. On sait en effet que le privilège sur les meubles n'assure à celui qui le possède qu'un droit de préférence, tandis que le privilège immobilier garantit à son bénéficiaire un droit de préférence et un droit de suite.

Le créancier de l'art. 2101 ne conserve sans inscrip-

(1) Baudry-Lacantinerie et de Loynes, *op. cit.*, p. 607.

tion son privilège sur les immeubles qu'au point de vue du droit de préférence. Il pourra donc, sans avoir recours à cette formalité, exiger son payement sur les immeubles du débiteur avant tous autres créanciers, même privilégiés ou hypothécaires, que les biens soient vendus volontairement ou par expropriation forcée.

S'il veut au contraire bénéficier du droit de suite, c'est-à-dire poursuivre la reprise de l'immeuble contre un tiers acquéreur, il devra, comme tout autre créancier nanti d'un privilège immobilier, se conformer à l'article 2166 et faire inscrire son privilège dans les délais légaux. Cela résulte clairement du rapprochement des articles 2106 et 2107. « *Entre les créanciers*, dit l'article 2106, les privilèges ne produisent d'effet... » Il ne s'agit donc ici que du droit de préférence. Tel est l'avis de la plupart des auteurs (1). Le tiers acquéreur doit en effet, depuis la loi du 23 mars 1855, être à l'abri de toute charge non rendue publique par l'inscription ; sans cela le but même de la publicité serait manqué. Pour pouvoir agir contre le tiers détenteur de l'immeuble, le créancier de l'article 2101 devra donc avoir inscrit son privilège. M. Thézard va même plus loin (2) : il déclare que le créancier de 2101 n'a jamais sur les immeubles du débiteur qu'un droit de préférence, même s'il a eu soin de

(1) Colmet de Santerre, *op. cit.*, IX, n° 147 *bis*, XIV. — Aubry et Rau, *op. cit.*, tome III, p. 300. — Laurent, *Principes de droit civil*, XXXI, p. 215. — Troplong, *Privilèges et Hypothèques*, I, p. 400.

(2) Thézard, *Du nantissement, des privilèges et hypothèques*, p. 500.

garantir son privilège par une inscription : celle-ci ne saurait, en aucun cas, lui assurer un droit de suite. Cette manière de voir n'est pas celle de la majorité des auteurs.

Si les créanciers de l'art. 2101 n'ont pas fait inscrire leur privilège, ils pourront bien exercer leur droit de préférence sur les immeubles, mais ils ne recevront pas les sommations et les notifications prescrites par la loi en cas de purge et d'ordre. Ils n'en seront pas moins soumis aux mêmes déchéances que les créanciers qui ont pris inscription. Ainsi, ils devront produire avant la clôture de l'ordre, si celui-ci se règle à l'amiable et avant l'expiration du délai de quarante jours suivant la sommation de produire, faite aux créanciers dans les huit jours de l'ouverture de l'ordre, si ce dernier est réglé judiciairement (art. 753, 754 et 755 du Code de Proc. civ.). Mais il n'est pas nécessaire que l'ordre s'ouvre dans les trois mois à partir de la perte du droit de suite. L'art. 772 du Code de Proc. civ. ne prévoit la perte du droit de préférence sur le prix après ce délai que pour les créanciers munis d'une hypothèque légale. On ne saurait donc étendre sa disposition aux créanciers nantis d'un privilège, comme ceux de l'art. 2101. Les ouvriers ayant, à la suite d'une incapacité temporaire, une créance privilégiée par l'art. 2101, conserveront donc leur droit de préférence sur le prix de l'immeuble après que les créanciers à hypothèque légale auront perdu le leur.

TROISIÈME PARTIE

Résultats économiques du nouveau privilege.

Nous étudierons les conséquences économiques du nouveau privilège institué par l'article 23 de la loi du 9 avril 1898 sous deux aspects différents. A un point de vue général, nous examinerons d'abord la modification apportée par le nouveau privilège à la conception qu'avait eue des privilèges généraux sur les meubles le législateur de 1804. Ensuite, nous plaçant au point de vue spécial de l'ouvrier, nous verrons jusqu'à quel point ce nouveau privilège suffit à lui assurer la sécurité, en ce qui concerne le payement des indemnités qui lui sont dues à la suite de l'incapacité temporaire de travail dont il a été victime.

I

MODIFICATION QU'APPORTE LE NOUVEAU PRIVILÈGE A LA CONCEPTION DES PRIVILÈGES GÉNÉRAUX

Lors de la rédaction du Code civil, les législateurs cherchèrent à assurer de la façon la plus efficace le payement de petites créances, qui devaient attirer d'une façon toute spéciale les faveurs de la loi, et ils édictèrent pour elles les dispositions de l'article 2101. Il était nécessaire qu'une sécurité absolue fût donnée à l'acquittement de ces petites dettes, soit à cause de l'intérêt public qui s'attachait à certaines d'entre elles, comme les frais de justice, les frais de dernière maladie ou les frais funéraires, soit en raison de la situation particulièrement intéressante de certains petits créanciers, tels que les gens de service et les fournisseurs.

Le prompt recouvrement de ces créances importait du reste beaucoup au débiteur lui-même, car elles lui assuraient un certain crédit, soit vis-à-vis de ses fournisseurs, soit envers les personnes appelées à le soigner ou à le servir. Les législateurs estimèrent qu'aucune garantie ne saurait être plus efficace pour ces créanciers qu'un privilége à double base, s'étendant à la fois aux meubles et aux immeubles du débiteur.

Cette manière d'agir n'offrait pas alors de grands dangers : en effet, les créances que l'on garantissait d'une façon aussi sérieuse avaient pour objet des sommes modiques et bien déterminées. Peu importait donc qu'aucune publicité n'en dévoilât l'existence aux autres créanciers ; au jour de la discussion du patrimoine du débiteur, ceux-ci ne perdraient pas grand chose de ce qui leur était dû par suite de la préférence donnée à ces petits créanciers. Il faut en effet remarquer que le chiffre des sommes couvertes par le privilège de l'article 2101 sera généralement proportionnel à la fortune du débiteur. Si ce dernier n'a qu'un petit patrimoine, il n'aura que peu de domestiques, il ne recherchera pas les soins de médecins célèbres à honoraires élevés : ses funérailles seront très simples.

Si au contraire, le chiffre de ces petites créances est relativement important, c'est que le débiteur appartient à une classe élevée de la société et possède probablement des biens considérables. Les pertes que pourront faire les créanciers à privilège ou à hypothèque par suite de la collocation préalable des bénéficiaires de l'article 2101 seront donc relativement minimes

Si l'on avait conservé cette conception primitive des privilèges généraux sur les meubles, on aurait eu soin de ne rien ajouter aux dispositions de l'art. 2101 ou tout au moins on ne leur aurait adjoint que des créances offrant un intérêt public considérable et portant sur des sommes peu importantes. C'est dans cet ordre d'idées que la loi du 23 décembre 1874 a créé le privilège des mois de nourrice.

Mais les législateurs qui se sont succédé au cours du siècle en ont jugé tout autrement. Ils ont trouvé dans les dispositions de l'art. 2101 un excellent moyen de donner une réalisation assurée aux créances qui leur paraissaient intéressantes et peu à peu ils ont augmenté considérablement le nombre des personnes qui peuvent se prévaloir d'un privilège général sur les meubles. La loi du 28 mai 1838 inscrivit au même rang que les gens de service les ouvriers du failli pour les salaires du mois précédant la faillite et les commis pour les appointements des six derniers mois. La loi du 4 mars 1889 a étendu à la liquidation judiciaire les dispositions de la loi de 1838 et permis aux ouvriers d'invoquer le bénéfice de l'article 2101 pour les trois derniers mois de leur salaire. Enfin, toujours dans le même ordre d'idées, la loi du 6 février 1895 a mis au nombre des créances protégées par notre article les salaires des commis-voyageurs pour six mois et leurs commissions pour trois mois. Ces diverses lois nous ont considérablement éloignés des idées du Code sur cette matière et ont donné à la dénomination de « gens de service » des extensions auxquelles les rédacteurs de 1804 n'avaient certainement pas songé.

La loi du 9 avril 1898 est venue compléter la profonde atteinte portée par ces dispositions législatives à l'économie générale des privilèges et des hypothèques, telle qu'on l'avait d'abord comprise, et elle a achevé l'évolution commencée par la loi de 1832. Les sommes que couvrira désormais le privilège de l'article 2101 sont énormes si on les compare à celles qui, jusque-là, avaient joui du bénéfice de cette disposition.

Si nous nous reportons aux statistiques allemandes (1), nous voyons que les accidents suivis d'incapacité temporaire sont très nombreux ; seules, les blessures ayant entraîné une incapacité permanente partielle atteignent un chiffre supérieur.

(1) Voir page 55.

En 1897, 252.382 accidents ont été déclarés dans l'industrie allemande ; sur ce chiffre, 41.746 ont été indemnisés ; ils se répartissent de la façon suivante :

Cas de mort.	4.252	soit 10,2 0/0
Incapacité permanente totale	625	soit 1,5 0/0
Incapacité permanente partielle.	21.247	soit 50,9 0/0
Incapacité temporaire.	15.622	soit 37,4 0/0 (1)

Il faut ajouter qu'en réalité le nombre des incapacités temporaires est beaucoup plus considérable, car le plus souvent les corporations professionnelles allemandes ne prennent les blessés à leur charge que depuis la quatorzième semaine. Ils sont auparavant traités par les soins des caisses de maladie auxquelles ils doivent être affiliés. La statistique précédente, qui est celle des corporations professionnelles, ne comprend donc que les accidents dont les suites ont duré plus de treize semaines, laissant de côté le nombre fort considérable de blessures qui ont immobilisé l'ouvrier pendant un temps moins long.

On voit par là quelle est l'importance des incapacités temporaires ; les indemnités que le patron aura à verser de leur chef pourront s'élever à un chiffre élevé et, au jour de la faillite du chef d'industrie, absorber une bonne partie de son actif mobilier. Il en résultera que les créan-

(1) *Bulletin de l'Office du travail*, 1899, p. 163.

ciers, qui, voyant une fortune mobilière assez considérable entre les mains de l'industriel, n'avaient pas stipulé pour leurs créances des garanties spéciales, pourraient être frustrés.

En tous cas, et même si cette hypothèse ne se réalise pas, la loi de 1898 aura un résultat regrettable. Le privilège qu'elle crée constitue une nouvelle charge clandestine étaolie sur la fortune soit mobilière, soit immobilière du patron. Sur les meubles, le nouveau privilège est une atteinte aux droits des créanciers, qu'ils soient munis de sûretés spéciales ou simplement chirographaires : sur les immeubles il a les mêmes inconvénients que les hypothèques légales non inscrites, inconvénients trop connus pour que nous ayons besoin d'insister sur ce point.

Le législateur, en 1898, introduisait dans nos lois un principe nouveau, celui du risque professionnel ; il aurait dû prendre pour son application des mesures nouvelles. Il a eu le tort de vouloir le mettre en œuvre en se servant des moyens que lui offrait le Code civil basé sur d'autres principes et, en le faisant, il a dénaturé le caractère que le législateur de 1804 avait donné aux privilèges généraux sur les meubles.

II

DEGRÉ DE SÉCURITÉ ASSURÉ A L'OUVRIER

Toute loi sur la réparation des accidents du travail doit avoir en vue un double objet : donner à la victime la certitude de toucher l'indemnité qui lui est allouée et rendre aussi rares que possible les procès entre patron et ouvrier au sujet du sinistre.

La loi française de 1898 a-t-elle, en ce qui concerne les incapacités temporaires, atteint ces deux buts ?

Il est certain d'abord que le privilège général sur les meubles du patron, garantissant les créances de frais médicaux et pharmaceutiques, de frais funéraires et d'indemnité temporaire ne donne pas à l'ouvrier une certitude absolue, mathématique, de réparation du sinistre.

On peut faire telle hypothèse où l'ouvrier n'obtiendra pas du patron les secours auxquels il a droit en cas d'accident. Il faut supposer pour cela un concours de circonstances qui se rencontrera rarement, mais qui reste possible. Il serait nécessaire en effet que le patron tombât en faillite peu de jours après l'accident et que l'actif laissé par lui fut assez minime pour être complètement absorbé par les créances privilégiées passant avant celle des ouvriers victimes d'un accident dans leur travail. Or nous avons vu que le nombre de ces créances est beaucoup plus considérable que ne semblerait l'indiquer la liste de l'article 2101.

A la vérité cette situation malheureuse pour le travailleur ne se réalisera que rarement. D'après les statistiques fournies au Sénat par M. Poirrier (1) et à la Chambre par M. Boucher, ministre du commerce (2), le nombre des patrons mis en faillite ou en liquidation judiciaire pendant l'année 1891 a été de 8.465 sur un nombre de 1.676.969 patentés, ce qui donne une proportion de 5 pour 1000. Encore faut-il observer que ces faillites ou liquidations judiciaires donnent un actif s'élevant de 40 à 42 0/0. En 1894, la contribution des patentes s'éleva à 188 millions et le montant des cotes irrecouvrables par suite d'insolvabilité des débiteurs atteignit 1.494.000 fr. soit 1 pour 1000. Majorant légèrement ces données, M. Poirrier, au Sénat, considérait qu'un patron sur cent devient chaque année insolvable et établissait ses calculs sur cette base. La population ouvrière de la France étant d'environ 4 millions d'individus, la moyenne des accidents doit être de 15.000 par an ; le rapporteur en concluait, puisqu'il y a un patron insolvable sur cent, que 150 ouvriers seraient privés d'indemnité. Mais si l'on adopte ces calculs, il faut bien remarquer qu'ils s'appliquent à tous les accidents, aussi bien à ceux dont la suite est une incapacité permanente ou la mort de la victime

(1) *Débats parlementaires*, Sénat, 1895, p. 965.
(2) *Débats parlementaires*, Chambre 1897, p. 2228.

qu'aux blessures n'ayant amené qu'une incapacité temporaire.

Les statistiques allemandes nous montrent (1) que pour l'année 1897, dans l'ensemble des corporations industrielles, les accidents suivis d'incapacité temporaire formaient 37,4 0/0 du total des accidents indemnisés. On ne peut toutefois considérer ce chiffre comme absolument exact. Il est au-dessous de la vérité, car il ne s'agit ici que des incapacités ayant eu une durée de plus de 13 semaines. Jusqu'à la quatorzième semaine en effet, les blessés sont en Allemagne confiés aux soins de l'assurance contre la maladie, à moins que la corporation professionnelle, qui est chargée des soins à donner au blessé après les treize premières semaines, n'ait prit celui-ci à sa charge avant le terme de cette période.

C'est donc en réalité plus d'un tiers des accidents qui est suivi d'une incapacité temporaire ; mais il ne faudrait pas établir une corrélation entre ce chiffre et le nombre des cas où l'ouvrier est victime de l'insolvabilité du patron. On ne saurait dire, par exemple, que, d'après les calculs de M. Poirrier, 150 ouvriers devant se trouver annuellement en face de patrons insolvables, plus d'un tiers d'entre eux, soit 60 ou 80, n'auront aucun recours contre lui, puisque, victimes d'incapacités temporaires, ils n'auront à leur service qu'un privilège inefficace. Le nombre

(1) *Bull. de l'Office du travail*, 1899, p. 163.

(2) Sauvaire-Jourdan. *De l'assurance obligatoire contre les accidents du travail en Allemagne*, p. 221.

des ouvriers qui ne pourront obtenir le payement de leurs indemnités temporaires, sera en réalité beaucoup moindre. Ces allocations, en effet, destinées en général à disparaître à bref délai, ne sauraient constituer une gêne sérieuse pour l'industriel ni à plus forte raison entraîner sa ruine.

Ce qui est une lourde charge pour le patron, ce sont les pensions à payer à la suite d'une invalidité permanente ; elles peuvent durer fort longtemps et s'ajoutant les unes aux autres, elles risquent d'atteindre un chiffre élevé. Aussi le législateur a-t-il eu soin d'assurer pour elles à l'ouvrier une certitude mathématique de payement. La pension doit être soldée à l'ouvrier soit par le patron, soit par le syndicat de garantie ou la compagnie d'assurance qu'il s'est subtitué pour l'acquittement de cette charge. Si personne ne verse à l'ouvrier la rente à laquelle il a droit, elle est servie par la Caisse nationale des retraites ; celle-ci cherche d'abord à récupérer sur le débiteur le montant de ses avances ; puis, si elle se trouve en face d'un insolvable elle les impute sur le fonds de garantie qu'elle possède. De cette façon l'ouvrier a, en ce qui concerne le payement de sa rente viagère, une absolue sécurité.

Il n'en est point de même en cas d'indemnité résultant d'une incapacité temporaire : il faut remarquer, en effet, que l'ouvrier, non payé à cause de l'inefficacité de son privilège, ne peut se retourner contre la Caisse des retraites pour faire imputer sur le fonds de garantie le montant de son indemnité. Ceci résulte des dispositions de l'article 24 :

« A défaut, dit cette disposition, soit par les chefs d'entreprise débiteurs, soit par les sociétés d'assurances à primes fixes ou mutuelles, ou les syndicats de garantie liant solidairement tous leurs adhérents, de s'acquitter, au moment de leur exigibilité, des indemnités mises à leur charge *à la suite d'accidents ayant entraîné la mort ou une incapacité permanente de travail*, le payement en sera assuré aux intéressés par les soins de la Caisse nationale des retraites pour la vieillesse, au moyen d'un fonds spécial de garantie constitué comme il va être dit et dont la gestion sera confiée à ladite caisse ».

Le règlement d'administration publique du 28 février 1899, ayant pour objet d'organiser ce nouveau service de la Caisse des retraites répète, dans son article 1er, que les mesures par lui édictées ne s'appliquent qu'aux accidents ayant entraîné la mort ou une incapacité permanente de travail.

C'est là une lacune regrettable. L'application stricte du risque professionnel veut qu'en tout cas l'ouvrier soit indemnisé de son accident.

Il s'agit ici, on se le rappelle, d'un forfait entre le patron et l'ouvrier. Ce dernier ne recevra jamais qu'une réparation partielle de l'accident, c'est-à-dire qu'une partie de son ancien salaire, même dans le cas où l'accident étant survenu par la faute du patron il pourrait demander à être complètement indemnisé. Mais, par contre, le chef d'industrie s'engage à donner toujours cette réparation partielle, même dans le cas où la blessure provenant d'une faute de la victime, celle-ci, d'après la rigueur des principes du Code civil, n'aurait droit à aucune indemnité. Dès lors, pour que ce compromis fût entièrement exécuté des deux côtés, il faudrait que l'ouvrier, en échange de ce qu'il abandonne, fût assuré de toucher en tous cas son allocation.

Pour réparer cette faute commise par le législateur, beaucoup d'esprits se tournent vers le régime de l'assurance obligatoire et demandent qu'on applique en France l'une de ses nombreuses variétés. Nous n'avons pas à discuter en eux-mêmes les divers systèmes d'assurance obligatoire. Au point de vue spécial qui nous occupe, ils garantiraient à la victime d'une incapacité temporaire l'acquittement certain de l'indemnité à laquelle elle a droit.

L'ouvrier, grâce à eux, n'est plus en effet à la merci de l'insolvabilité de son patron : indemnités temporaires et pensions viagères lui offrent les mêmes garanties, soit que l'on adopte le principe de l'assurance par l'Etat, telle qu'elle existe en Norvège, soit que l'on admette le système d'assurance des corporations industrielles allemandes ou des mutualités régionales autrichiennes. Toutefois le régime de l'assurance par l'Etat, possible dans un petit pays, serait impraticable chez une grande nation à cause des sommes considérables qu'il met entre les mains de l'Etat et qu'il soustrait ainsi aux emplois industriels. Quant aux systèmes allemand et autrichien, ils auraient l'inconvénient d'entraîner la suppresion de toutes les compagnies d'assurances (1), qui peuvent rendre en cette matière des services très sérieux; de plus, au point de vue général, ils arriveraient à restreindre considérablement la liberté du patron (2).

Si la loi française ne présentait pas d'autre défaut que celui de ne pas assurer aux ouvriers la certitude de recevoir leur indemnité en cas d'incapacité temporaire, il suffirait, pour y remédier, de reconnaître aux ouvriers non payés le droit de se retourner contre la Caisse des retraites, qui solderait les indemnités en souffrance au moyen du fonds de garantie (3). Ce ne serait là qu'une modification légère, ne touchant pas aux dispositions fondamentales de la loi.

Mais malheureusement, on peut faire à notre législa-

(1) Tarbouriech, *op. cit.*, p. 311.

(2) On doit faire au système allemand sur les incapacités temporaires une autre critique qui n'aurait pas sa raison d'être en France où la loi a créé l'assurance contre les accidents et non contre la maladie. En Allemagne où ces deux assurances coexistent, nous savons que le blessé est soigné pendant les treize premières semaines par l'assurance-maladie, pour passer ensuite aux mains de l'assurance-accident. Cette scission dans les soins donnés au blessé est très regrettable ; il lui faut changer de médecin et souvent d'hôpital, ce qui est très préjudiciable à sa guérison.

(3) Un système analogue a été adopté en Italie par la loi du 17 mars 1898. Le patron est obligé de s'assurer, mais il reste libre de choisir son assurance ; il peut même, sous certaines conditions, rester son propre assureur. Pour mettre l'ouvrier à l'abri des insolvabilités qui pourraient se produire, un fonds de garantie est formé avec le

tion nouvelle une critique beaucoup plus grave et portant sur l'ensemble de ses prescriptions. Elle a comme résultat de créer de nombreux procès entre patrons et ouvriers et d'obliger fréquemment ceux-ci à s'adresser à la justice pour obtenir leur indemnité. Sans doute on a simplifié la procédure autant qu'on l'a pu ; tout ce qui concerne les indemnités temporaires, les frais médicaux, pharmaceutiques et funéraires a été soumis à la compétence exclusive du juge de paix ; on a accordé aux ouvriers le bénéfice de l'assistance judiciaire, mais ce ne sont là que des palliatifs impuissants à masquer ce vice important de la loi de 1898.

Les petits industriels et les compagnies d'assurances cherchent naturellement à payer le moins de primes possible. Cela est surtout évident dans les industries, de plus en plus nombreuses à cause du perfectionnement des machines, où l'ouvrier n'a pas besoin de posséder une éducation professionnelle spéciale. Plus les machines se développent, moins l'habilité personnelle de l'ouvrier est nécessaire, car une grande partie du travail est faite par l'outillage. Il en résulte que, l'apprentissage devenant moins long, on peut trouver plus facilement des ouvriers capables de manier un métier ou un autre outil mécani-

produit des amendes et des contraventions. En cas d'insolvabilité de l'assureur, ce fonds paye à l'ouvrier l'allocation à laquelle il a droit, qu'il s'agisse d'une indemnité pour incapacité temporaire ou d'une pension pour invalidité permanente, (art. 26 de la loi, voir *Bulletin de l'Office du travail*, 1898, p. 611).

que. Le petit patron trouve donc avantage à remplacer son ouvrier blessé et à ne le défrayer des conséquences de l'accident que s'il y est obligé par les tribunaux.

Aussi voit-on en France, bien que loi ne soit appliquée que depuis un an, les instances en justice se multiplier d'une façon inquiétante. D'autre part, un grand nombre de points n'ayant pas été fixés d'une façon claire par le législateur, la jurisprudence est déjà divisée sur plusieurs objets : il en résulte que les ouvriers sont plus ou moins bien traités suivant les ressorts judiciaires auxquels ils appartiennent. C'est ainsi par exemple qu'on discute, pour savoir si l'indemnité du travailleur victime d'une incapacité temporaire est due pour les dimanches et jours fériés, ou afin de déterminer s'il appartient au juge de paix ou au tribunal de première instance de fixer l'indemnité temporaire préalable à une pension viagère.

Le remède à une telle situation ne pourra se trouver que dans l'établissement de l'assurance obligatoire par circonscriptions régionales, par corporations professionnelles ou par l'Etat. Le seul fait de proclamer l'obligation de l'assurance, en laissant au patron le choix de l'assureur comme on l'a fait en Italie ne serait pas suffisant. En effet, en ce dernier cas, l'intérêt des petits patrons ou des compagnies d'assurances serait toujours d'attendre pour payer les primes qu'une décision de justice les y obligeât. Dans les autres cas d'assurance obligatoire, il en est différemment, car l'intérêt individuel disparait ;

c'est l'Etat qui soulage les citoyens, la corporation qui secoure ses membres ou la caisse régionale qui vient en aide aux ouvriers de la circonscription. Le prix des soins à donner à la victime et l'indemnité à lui payer sont déboursés par une collectivité et le patron acquitte la même prime que son ouvrier ait été secouru ou qu'il ne l'ait pas été. Il n'a donc aucun intérêt à lui contester son droit à l'indemnité.

D'autre part, en ce qui concerne les divergences de la jurisprudence, il semble que seule l'organisation de tribunaux spéciaux, comportant plusieurs degrés dans le genre de ce qui existe en Allemagne, soit de nature à les faire disparaître. Les magistrats ordinaires, spécialement les juges de paix, n'ont pas toujours la compétence industrielle suffisante pour statuer sur de tels litiges (1).

Le risque professionnel, si on veut l'appliquer dans son intégralité, comporte donc non seulement l'assurance obligatoire, mais encore l'organisation de juridictions spéciales.

(1) Le tribunal arbitral aurait aussi l'avantage d'apaiser les conflits entre patrons et ouvriers, qui seraient ainsi jugés par des délégués des deux parties. Il assurerait de plus aux travailleurs une notable économie, car ils n'auraient pas besoin de recourir au ministère d'un avoué. Dans l'élaboration de la loi, plusieurs propositions établissant une juridiction arbitrale furent déposées à la Chambre des députés ; la Commission de la Chambre en 1893 demandait également l'institution d'un tribunal de cette espèce, composé d'arbitres élus, statuant sous la direction du Président du tribunal civil. Voir Bergasse. *La Responsabilité des accidents*, p. 178 et ss.

CONCLUSION

Les frais de maladie provoqués par l'accident survenu à l'ouvrier et l'indemnité journalière qui lui est allouée par la loi de 1898 sont, comme nous venons de le voir, une charge personnelle pour le patron. Seul il en est responsable et un privilège général sur ses meubles garantit au travailleur l'acquittement des sommes qui lui sont dues de ce chef.

Toutefois le législateur, par une disposition dont on ne peut que le louer, a fait une exception à cette règle en faveur des sociétés de secours mutuels et des caisses de secours des mines. Il était à craindre en effet que la loi nouvelle ne portât un coup funeste à ces sociétés, le patron n'ayant plus intérêt à y affilier le personnel de son usine. C'eût été là un résultat très regrettable, ces institutions présentant, même sous l'empire de la législation nouvelle, une grande utilité. Le risque professionnel, tel qu'il est appliqué en France, ne protège le travailleur que contre un accident provenant de son travail : encore faut-il ajouter qu'une fraction importante de la classe laborieuse, celle des ouvriers agricoles, échappe complètement à l'application de la loi. De plus, même pour les industries qui rentrent dans son domaine, la loi ne prend en considération que les accidents ayant entraîné une incapacité de cinq jours au moins ; pendant les quatre premières journées l'ouvrier est livré à ses propres ressources.

Enfin et surtout, à côté des accidents industriels proprement dits, il est une foule d'autres maux qui menacent les classes ouvrières. Les uns proviennent du travail, tels sont le chômage et les maladies professionnelles ; les autres sont le lot commun de l'humanité, mais frappent plus durement les travailleurs qui n'ont que leur salaire pour vivre : c'est le cas des infirmités, de la vieillesse et des maladies ordinaires.

A ces diverses calamités, les sociétés de secours mutuels et les caisses de secours apportent quelque soulagement. Sans doute elles n'empêchent pas ces maux de peser lourdement sur l'ouvrier, mais elles aident celui-ci à les supporter et lui évitent de tomber dans une absolue misère. A ce titre, il importait de les conserver et de les développer ; le législateur, n'instituant pas comme on l'a fait en Allemagne et en Autriche l'assurance contre la maladie, ne pouvait songer à faire entrer ces sociétés dans le cadre de la loi pour les utiliser directement, mais il a permis à l'industriel de se décharger sur elles du soin de verser à l'ouvrier, pendant une période de 30, 60 ou 90 jours, les frais de maladie et l'indemnité temporaire. C'est là l'objet des articles 5 et 6 de la loi :

Art. 5. — « Les chefs d'entreprise peuvent se décharger pendant les trente, soixante ou quatre-vingt-dix premiers jours à partir de l'accident, de l'obligation de payer aux victimes les frais de maladie et l'indemnité temporaire, ou une partie seulement de cette indemnité, comme il est spécifié ci-après, s'ils justifient :

« 1° Qu'ils ont affilié leurs ouvriers à des Sociétés de secours mutuels et pris à leur charge une quote-part de la cotisation qui aura été déterminée d'un commun accord et en se conformant aux statuts-type approuvés par le ministre compétent, mais qui ne devra pas être inférieure au tiers de cette cotisation ;

« 2° Que ces Sociétés assurent à leurs membres, en cas de blessure, pendant trente, soixante ou quatre-vingt-dix jours, les soins pharmaceutiques et une indemnité journalière.

« Si l'indemnité journalière servie par la Société est inférieure à la moitié du salaire quotidien de la victime, le chef d'entreprise est tenu de lui verser la différence. »

« Art. 6. — Les exploitants de mines, minières et carrières peuvent se décharger des frais et indemnités mentionnés à l'article précédent moyennant une subvention annuelle versée aux caisses ou sociétés de secours constituées dans ces entreprises, en vertu de la loi du 29 juin 1894.

« Le montant et les conditions de cette subvention devront être acceptés par la Société et approuvés par le Ministre des travaux publics.

« Ces deux dispositions seront applicables à tous autres chefs d'industrie qui auront créé en faveur de leurs ouvriers des caisses particulières de secours, en conformité du titre III de la loi du 29 juin 1894. L'approbation prévue ci-dessus sera, en ce qui les concerne, donnée par le Ministre du commerce et de l'industrie ».

Il faut d'abord remarquer que ces articles ne parlent pas des frais funéraires ; ceux-ci restent toujours à la charge du patron. Le législateur a pensé avec raison que, vu leur modicité (ils ne peuvent, aux termes de l'article 4, dépasser 100 francs), il était inutile de donner au chef d'entreprise la possibilité de s'en décharger. Il en est différemment dans les pays qui ont adopté l'assurance obligatoire ; c'est ainsi qu'en Allemagne (1) et en Autriche (2), les frais de sépulture de la victime sont supportés par l'assurance contre les accidents.

En ce qui concerne les frais médicaux, pharmaceutiques et les indemnités temporaires, la loi du 9 avril 1898 donne donc à l'industriel deux manières de s'en exonérer : l'une consiste à affilier ses ouvriers à une société de secours mutuels, l'autre à créer dans ses ateliers une caisse analogue à celle dont la loi du 29 juin 1894 prescrit l'établissement dans les mines. Nous examinerons successivement ces deux moyens.

En premier lieu, si le patron veut bénéficier des dispositions de l'article 5 de la loi, il devra se conformer aux quatre prescriptions suivantes :

1° Il affiliera ses ouvriers à une Société de secours mutuels autorisée. — Il n'est pas nécessaire que tous les travailleurs employés par le patron soient membres de

(1) Sauvaire-Jourdan, *op. cit.*, p. 211.
(2) Sachet, *op. cit.*, p. 274.

la Société. Cela serait impossible si le personael de son usine est un peu nombreux, les Sociétés de secours mutuels ayant l'habitude de demander à leurs membres certaines conditions de santé que ne rempliront pas tous les ouvriers de l'établissement. Vis-à-vis des travailleurs ne faisant pas partie de l'association, l'industriel conservera les obligations imposées par la loi. La Société choisie par le patron pour y affilier le personnel de son usine devra être *autorisée*. Le législateur, en employant ce terme, semble s'en être référé à l'ancienne réglementation des sociétés de secours mutuels, qui a été modifiée peu de jours avant la promulgation de la loi sur les accidents du travail, par la loi du 1er avril 1898. Sous l'empire de l'ancienne législation, qui datait de 1852, les Sociétés de secours mutuels étaient réparties en trois catégories, suivant qu'elles avaient été autorisées, approuvées ou déclarées d'utilité publique. La loi de 1898 a conservé cette classification tripartite, mais elle a substitué le nom de Sociétés libres à celui de Sociétés autorisées. C'est donc « *Sociétés libres* » qu'il aurait fallu dire.

2° Le patron doit payer à la Société une quote-part de la cotisation, égale au moins au tiers de cette dernière.

On a pris pour fixer ce chiffre une solution intermédiaire entre celles qui étaient proposées par les projets de 1893 et de 1896 sur la matière ; le premier, trop favorable aux ouvriers, ne voulait libérer le patron d'une partie de ses obligations que s'il supportait toute la charge de l'entretien des sociétés de secours ; le second, au contraire, trop bienveillant pour les chefs d'industrie, les exonérait des frais de maladie et d'indemnité temporaire par la seule affiliation des ouvriers à une caisse de secours, quelle que fût la part de l'industriel dans la cotisation versée à cette caisse.

Cette proportion du tiers a été adoptée par la plupart des législations étrangères ; c'est la mesure dans laquelle le patron contribue à l'entretien des caisses de maladie en Allemagne, Autriche, Danemark, Norwège (1). Elle correspond à la réalité des choses : dans la plupart des sociétés de secours mutuels, un tiers des ressources est employé à la réparation des accidents du travail, le reste des disponibilités servant au soulagement des maladies et autres maux pour lesquels ces associations donnent des secours à leurs membres.

On pourrait objecter que le patron n'aura aucun intérêt à faire participer ainsi ses ouvriers à une société de secours, puisque, soldant de ses deniers un tiers du montant des cotisations, il paye précisément les sommes qui seront nécessaires pour donner aux victimes d'accidents les soins nécessités par la blessure et une indemnité journalière. Il serait plus simple pour lui, semble-t-il, d'acquitter directement ces frais, sans passer par l'intermédiaire de la société. C'est là une erreur ; avec une société de secours mutuels, il sera facile d'éviter les simulations qui sont le grand écueil dans la réparation

1. Bergasse, *op. cit.*, 270.

des petits accidents, lorsqu'elle est faite par le patron ou par une compagnie d'assurances. Chaque ouvrier en effet, étant membre de la société, est directement intéressé à ce qu'aucune fraude ne se produise, puisqu'il supporte en définitive une partie des dépenses faites par l'association ; il y aura donc entre les travailleurs une étroite surveillance qui déjouera les tentatives de supercherie.

3° Les Sociétés de secours mutuels doivent se conformer aux statuts-types adoptés par le ministre de l'intérieur. — L'arrêté ministériel du 16 mai 1899, indique les conditions auxquelles doivent satisfaire les contrats intervenus entre les patrons et ces sociétés. Ces conventions sont passées par le conseil de la Société, mais elles doivent être approuvées par l'Assemblée générale. Elles sont faites pour une durée déterminée et se continuent par tacite reconduction (art. 2). Les chefs d'entreprise ne peuvent affilier leurs ouvriers qu'avec le consentement de ceux-ci (art. 3). Les allocations des industriels sont calculées de façon à couvrir entièrement les charges supplémentaires qu'assume la Société en assurant les travailleurs contre les accidents du travail et de plus, comme le veut la loi, elles ne peuvent être inférieures au tiers des cotisations (art. 4). Il était nécesaire que le législateur intervînt ici pour fixer les grands traits des contrats devant être passés entre les patrons et les Sociétés de secours mutuels ; les chefs d'industrie peu scrupuleux auraient pu, sans cette précaution, éluder complètement les prescriptions de la loi. Ils n'avaient pour cela qu'à créer entre leurs ouvriers une société de secours mutuels, ayant à peu près uniquement pour but la réparation des accidents, dont les statuts, par exemple, fussent muets sur la question de maladie.

De cette façon, toutes les ressources de la Société ou au moins une forte part d'entre elles auraient été employées à indemniser les ouvriers des suites des accidents et le patron, ne payant qu'un tiers des cotisations, eût ainsi fait supporter par les travailleurs la plus grande partie des frais de maladie et des indemnités journalières que seul il doit acquitter. Aussi était-il nécessaire que le législateur édictât des statuts-type ; mais cette précaution était suffisante, et il eût été inutile d'exiger une approbation spéciale pour chaque Société, comme le demandait en 1898 au Sénat le ministre du commerce. Cette mesure aurait été la source de complications et de lenteurs qui n'existeront pas avec le régime actuel.

4° Il faut enfin que les Sociétés de secours mutuels assurent à leurs membres pendant trente, soixante ou quatre-vingt-dix jours les soins médicaux et pharmaceutiques, ainsi qu'une indemnité journalière.

Ces soins seront fournis conformément aux statuts de la Société et l'ouvrier n'aura pas ici, comme il l'avait vis-à-vis du patron, le droit de se faire soigner par un médecin de son choix (art. 6 de l'arrêté du 16 mai 1899). On n'a pu l'affilier à l'association malgré lui, il est donc juste qu'il se soumette aux statuts qu'il a acceptés. L'indemnité journalière lui sera payée par la Société, mais si elle n'atteint pas le taux fixé par la loi de 1898, c'est-à-dire la moitié du salaire quotidien, le patron devra solder la différence. La Société peut aussi se charger, contre remboursement ultérieur du chef d'industrie, de payer à la victime ce supplément d'indemnité. Depuis l'expiration de ce délai de trente, soixante ou quatre-vingt-dix jours jusqu'au moment de la guérison, les frais de maladie et l'indemnité journalière sont acquittés, soit directement par le patron, soit par les sociétés contre remboursement des chefs d'industrie (même article).

Les Sociétés de secours mutuels (art. 7) doivent fournir aux ouvriers les soins médicaux et l'indemnité journalière pour lesquels le patron a soldé sa cotisation, même si les ouvriers participants n'ont pas acquitté la leur. C'est justice, puisque l'industriel a payé sa part pour être déchargé des suites de l'accident ; d'ailleurs la participation du chef d'entreprise a été calculée précisément de façon à couvrir les frais résultant d'accidents du travail ; c'est pour cela, nous l'avons vu, qu'on a fixé sa quote-part au tiers de la cotisation.

Si la Société ne s'acquittait pas de son obligation, l'ouvrier pourrait-il se retourner contre le chef d'industrie? La négative s'impose pour la période de quatre-vingt-dix jours au plus qui suit immédiatement l'accident, la loi permettant au patron de se décharger complètement sur la Société de secours mutuels pendant ce laps de temps. En acquittant sa part contributive dans la cotisation, le patron a accompli tout son devoir. Mais il en serait autrement une fois cette période passée ; si, par suite de ses arrangements avec le patron, la Société doit continuer à solder ces frais, elle ne le fait qu'aux lieu et place du patron, directement tenu de ces obligations vis-à-vis de l'ouvrier ; celui-ci pourra donc agir contre le chef d'entreprise.

Le second moyen que la loi met à la disposition de l'industriel pour se décharger des frais de maladie et de l'indemnité temporaire est indiqué dans l'article 6 de la loi. Cette disposition prévoit deux hypothèses :

1° S'il s'agit de mines, minières ou carrières, le chef d'entreprise peut remettre le soin de verser ces allocations à la Caisse de secours créée pour ses ouvriers en conformité de la loi du 29 juin 1894.

2° S'il s'agit de toute autre industrie, le patron est autorisé à créer entre ses ouvriers une Caisse analogue à celles qui sont obligatoires dans les mines.

Ces Caisses, d'après la loi de 1894, sont alimentées par un prélèvement de 2 0/0 au plus effectué sur le salaire de l'ouvrier et par un versement de l'exploitant égal à la moitié de la cotisation du travailleur. C'est donc un tiers de la cotisation totale qui est payé ici par le patron, comme pour les sociétés de secours mutuels, que nous avons précédemment étudiées. La Caisse est gérée par un conseil dont les membres sont nommés pour un tiers par le patron et pour les deux tiers par les ouvriers. Les statuts sont soumis à l'approbation du ministre des travaux publics et le contrôle est exercé par le préfet et les ingénieurs des mines.

La loi de 1898 a maintenu ces dispositions pour les mines, minières et carrières. Pour les Caisses de secours créées dans d'autres industries, elle a remplacé l'approbation du ministre des travaux publics par celle du ministre du commerce et la surveillance du préfet et des ingénieurs des mines, par un contrôle exercé par le Comité consultatif des accidents du travail et par des agents spécialement délégués à cet effet (1).

Ces Caisses, aux termes de l'article 7 de la loi de 1894, donnaient à leurs membres des indemnités de maladie, mais non des allocations journalières. Pour pouvoir se décharger sur elles des obligations qui lui sont imposées par la loi de 1898, et en particulier du payement de l'indemnité journalière, le patron doit prendre l'engagement de verser à la Caisse de secours, outre sa cotisation telle qu'elle est fixée par la loi de 1894, une subvention annuelle dont le montant et les conditions sont soumis à l'acceptation de la Société et à l'approbation du ministre compétent. Ce dernier est le ministre des travaux publics ou le ministre du commerce, suivant qu'il s'agit des mines, minières et carrières, ou de toute autre industrie.

La Caisse de secours doit assurer à ses membres en cas d'accident les soins médicaux et pharmaceutiques ainsi qu'une indemnité journalière, pendant une période

(1) Décret du 10 mai 1899.

de trente, soixante ou quatre-vingt-dix jours. Après ce laps de temps, l'obligation de pourvoir aux soins du blessé et au payement de son indemnité journalière jusqu'à complète guérison retombe à la charge du patron. Si la Caisse, pendant le temps où elle prend soin du blessé, ne lui paye qu'une indemnité journalière inférieure à la moitié de son salaire, le chef d'industrie est tenu de verser le supplément entre les mains de la victime (Circulaire du ministre des travaux publics du 5 mai 1899).

Tels sont les moyens par lesquels le patron peut se décharger de l'obligation de payer les frais médicaux et pharmaceutiques ainsi que l'indemnité temporaire qu'il doit à l'ouvrier victime d'un accident. Ils attestent l'esprit libéral de la loi de 1898 et auront pour effet de développer les sociétés et les caisses de secours qui rendent aux ouvriers les plus grands services.

VU A GRENOBLE, LE 10 JUILLET 1900 :
Le Président de la thèse,
CAPITANT

VU A GRENOBLE, LE 11 JUILLET 1900 :
Le Doyen de la Faculté,
CH. TARTARI

VU ET PERMIS D'IMPRIMER :
GRENOBLE, LE 12 JUILLET 1900 :
Le Recteur, président du Conseil de l'Université,
BOIRAC

LAVAL. — Imprimerie parisienne, L. BARNÉOUD et Cie.

TABLE DES MATIÈRES

RED. :

19

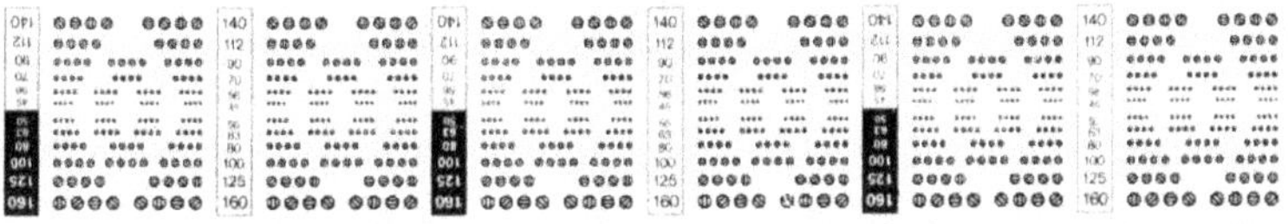

MIRE ISO N° 1
NF Z 43-007
AFNOR
Cedex 7 - 92080 PARIS-LA-DEFENSE

379.89.70
graphicom

0 1 2 3 4 5 6 7 8 9 10

BIBLIOTHEQUE
NATIONALE
DE FRANCE
***
CHATEAU
DE
SABLE
1994

www.ingramcontent.com/pod-product-compliance
Ingram Content Group UK Ltd.
Pitfield, Milton Keynes, MK11 3LW, UK
UKHW022112260726
13993UKWH00001B/463

9 782329 260150